Diethelm Boldt (Hrsg.)

Unternehmenserfolg und Gelassenheit

Profitieren Sie von der Wissenskompetenz von
16 Selbstständigen, Freiberuflern und Unternehmern

JÜNGER MEDIEN

Bibliografische Information der Deutschen Nationalbibliothek

Die Deutsche Nationalbibliothek verzeichnet diese Publikation in der Deutschen
Nationalbibliografie; detaillierte bibliografische Informationen sind im Internet
über http://dnb.d-nb.de abrufbar.

ISBN 978-3-7664-9929-5
Herausgeber: Diethelm Boldt
Umschlag: Martin Zech
Umschlagfoto: Picture-Factory/fotolia.com
Korrektur: Anja Hilgarth
Satz und Layout: Salzland Druck, Staßfurt
Druck und Bindung: Salzland Druck, Staßfurt

2013 Jünger Medien Verlag, Offenbach am Main

Alle Rechte vorbehalten. Vervielfältigung, auch auszugsweise,
nur mit schriftlicher Genehmigung des Verlages.

www.juenger.de
www.freelancer-international.de

Edition Freelancerkompetenz

Inhaltsverzeichnis

Vorwort des Herausgebers 6

Claudia Aschmann
Erfolg – woher kommt er? 11

Andreas Baumgärtner
Die 14 größten Finanzierungsfehler und wie man sie vermeidet 21

Jürgen Bitzenauer
Steine im Weg – Stufen zum Erfolg 31

Frank Caspers
12 Praxistipps für mehr Umsetzungspower 43

Oliver Döring
Unternehmensethische Aspekte für Freelancer und Selbstständige 53

Dieter E. Gellermann
Storytelling – Mit einer guten Geschichte erinnert man sich schneller an Sie 63

Brunhild Hofmann
PER-K® – das Essenzielle für Erfolg 73

Jutta Kamensky
Gesundheit fördern im Betrieb – mit Genuss geht's leichter 85

Bernt Klein
Nachhaltigkeitsprojekte initiieren, planen und steuern 95

Jan-Torsten Kohrs
Die Führungskraft als Moderator 105

Ingo Leipner
Feilen an Worten 115

Astrid Meyer
Mitarbeiter binden und Kosten senken – Wertschöpfung durch Wertschätzung 127

Karin Müller
Erfolgsfaktoren für Kooperationen 139

Rolf Sawall
Intuition als Schlüssel zur individuellen Technologielösung 149

Jörg Schneider
Leistung erbringen und Spaß dabei haben 161

Vera Thumsch
Mentales AktivierungsTraining (MAT) – das Erfolgskonzept für Beruf und Alltag 171

Schlußwort und Darstellung der Verbände 180

Vorwort des Herausgebers

Liebe Leserinnen, liebe Leser,

Kooperationen werden immer wieder zum entscheidenden Motor des Erfolges. Das haben wir als Verband von Freelancer International e.V. erkannt. Für Verbände hat die Vernetzung untereinander und mit Partnern eine sehr große Bedeutung. Aus der strategischen Kooperation des Verbandes Freelancer International e.V. mit GABAL entstehen wertvolle Impulse, überregional und interdisziplinär. So lassen sich erfolgreiche Aktionen entwickeln und mit Leben füllen. Deshalb lag es nahe, dieses aktuelle Autorenbuch mit Beiträgen der Mitglieder beider Partner zu besetzen. Die Sichtweise von 16 Autoren zum Rahmenthema „Unternehmenserfolg und Gelassenheit" werden Ihnen interessante und lohnenswerte Informationen und Umsetzungs-Tipps vermitteln. Seien Sie, liebe Leserinnen und Leser, gespannt auf die von Unternehmern für Sie zusammengefassten Beiträge. Setzten Sie deren Vorschläge gerne nicht nur für Ihren Geschäftserfolg, sondern auch für Ihr privates Wohlbefinden um!

Spannend ist dabei, dass Autoren aus vielen unterschiedlichen Berufsgruppen dabei zu Wort kommen. Der Bogen spannt sich vom klassischen Business-Coach über vielfältige Branchenexperten bis hin zu Spezialisten mit all ihrem Wissen über und um die Gelassenheit. Kann der Erfolg mehrere Paten haben? Die Autoren schildern ihre persönlichen Strategien, Methoden und ihre Praxiserfahrung. Wir lernen daraus, dass man aus verschiedenen Perspektiven zu Lösungen kommen kann. Jeder Autor von beiden Verbänden hat einen anderen Hintergrund, aber es sind immer die Menschen in ihrem beruflichen Umfeld und mit ihren Erfahrungen, die den Erfolg ausmachen. „Unternehmenserfolg und Gelassenheit" ist eine Paarung für neue, interessante Betrachtungsweisen.

In ihrer Summe verdeutlichen die Beiträge dieses Buches, wie Experten für Unternehmenserfolg als auch Gelassenheits-Spezialisten berufliches Engagement und Wissen mit Empathie und Einfühlungsvermögen verknüpfen.

Mögen die Texte der Autoren Ihnen, liebe Leserinnen und Leser, in vielen Situationen Ideengeber, Lösungsansatz, Ratgeber und Orientierungshilfe sein.

Mit diesem Buch knüpft der Verband Freelancer International e.V. an die ersten Ausgaben an: 2010 „Mehr Geschäftserfolg durch Dienstleister", auch zum zehnjährigen Verbandsjubiläum aufgelegt. 2011 erschien der zweite Band mit dem Titel „Erfolgsfaktor Mensch im Beruf".

Dankeschön an Hanspeter Reiter als Vorstandssprecher von GABAL für die spontane Zusage, dieses Buch-Projekt gemeinsam zu realisieren. Ein Dank gebührt auch Herrn André Jünger als Verlagsleiter von Jünger Medien Verlag für die hervorragenden Verleger-Arbeiten.

Diethelm Boldt

*Präsident vom Verband Freelancer International e.V. und
Inhaber der Unternehmensberatung für innovative IT-Lösungen*

Filderstadt im November 2013

„*Die Gelassenheit ist eine anmutige Form des Selbstbewusstseins.*"

Marie Freifrau von Ebner-Eschenbach
Quelle: „Aphorismen", 1911

Claudia Aschmann
Zertifizierte Trainerin und Coach

- Jahrgang 1968
- Ausgebildete Büro- und Bankkauffrau, Geprüfte Management-Assistentin
- Zertifizierte profilingvalues-Partnerin, Visual Facilitator, Rehoruli®-Jongliertrainerin
- Expertin im Bereich Office-Management/Personal
- Tätigkeitschwerpunkte:
  - Persönlichkeitsentwicklung und Erfolg
  - Kommunikation
  - Zeit- und Arbeitsplatzmanagement
  - MS-Office –Schulungen/10-Finger-Tastaturschreiben in 4 Stunden
  - Organisationsberatung/Dokumentenmanagement
  - Bewerber-Coaching
  - Personalrecruiting auf Basis eines einzigartigen wertepsychologischen Verfahrens
  - Veranstaltungsmanagement und -moderation
- Mehr als 20-jährige Berufserfahrung als Management-Assistentin auf GF-/Vorstandsebene in den Bereichen Bank, Personal-/Unternehmensberatung, Projektmanagement, Forschung und Entwicklung, Veranstaltungsorganisation
- selbstständige Trainerin seit 2011
- Ihr Motto: Aus der Praxis für die Praxis
- Die Besonderheit in ihren Trainings ist die Verknüpfung der Themen mit aktuellen Erkenntnissen aus der Gehirnforschung sowie die Visualisierung der Lerninhalte mit Jonglierbällen.

www.trios-online.de

Erfolg – woher kommt er?

Was denken Sie, wovon der Unternehmenserfolg abhängt? Von finanziellen Messgrößen wie Umsatzerreichung, Gewinn, Rendite usw. oder von weniger messbaren Größen wie z. B. Mitarbeiterzufriedenheit, Marktanteilen oder Kundenzufriedenheit?

Ja, wie würden Sie Erfolg überhaupt definieren? In der wissenschaftlichen Literatur herrscht diesbezüglich keine einheitliche Meinung. Dies hängt damit zusammen, dass es für Erfolg verschiedene Ansätze, Maßstäbe und Zielsetzungen gibt, die auch von der Unternehmensstrategie und dem Alter des Unternehmens abhängen.

Definition

Der Brockhaus[1] definiert Erfolg als das „positive Ergebnis zweckvollen Handelns". Böing[2] beschreibt ihn als die Fähigkeit, durch die Aneignung von Ressourcen und Fähigkeiten den Fortbestand eines Unternehmens langfristig zu sichern. Doch welche sind diese Fähigkeiten? Henry Ford[3] beschrieb eine seiner Meinung nach sehr wichtige, indem er sagte: „Wenn es überhaupt ein Geheimnis des Erfolges gibt, so besteht es in der Fähigkeit, sich auf den Standpunkt des anderen zu stellen und die Dinge ebenso von seiner Warte aus zu betrachten wie von unserer."

Erfolgsfaktoren

Die Erfolgsaussicht eines Unternehmens drückt sich in weit mehr aus als im Zahlenwerk von Umsatz und Gewinn. Außer einer guten Geschäftsidee – und das ist nicht immer die erstbeste – bedarf es noch weiterer Erfolgsfaktoren. Kurt Nagel[4] definierte die sechs wichtigsten Faktoren wie folgt:

- Praktizierte Kundennähe,
- Strategie,
- Organisation,
- Mitarbeiter,
- Führungssystem und
- Informationssystem.

Es ist klar, ohne ein gutes Produkt, eine gute Strategie (z. B. Businessplan) und eine gute Unternehmensorganisation können auch die besten Mitarbeiter nicht erfolgreich arbeiten. Einer der wichtigsten Faktoren für Unternehmenserfolg ist für mich jedoch nach wie vor der Faktor „Mensch", also Führungskräfte und Mitarbeiter. Verschiedenste Untersuchungen haben gezeigt, dass vor allem Mitarbeiter und deren Motivation einen direkten Einfluss auf das Betriebsergebnis haben.

Eine Anfang 2008 veröffentlichte Studie des Bundesarbeitsministeriums[5] bestätigte dies. Diese bis dahin größte Studie an mehr als 37.000 Arbeitnehmern brachte erschreckende Ergebnisse zu Tage:

· Nur 31 % der Beschäftigten sind aktiv und engagiert bei der Arbeit,
· 37 % sind zwar zufrieden, aber wenig engagiert, und
· 32 % sind sogar unzufrieden und desinteressiert.

In dieser Studie konnte erstmals ein statistischer Zusammenhang zwischen Mitarbeiterengagement und Unternehmenserfolg nachgewiesen werden: **30 % des finanziellen Unternehmenserfolges hängen davon ab, ob die Mitarbeiter mit ihrer Arbeit zufrieden sind oder nicht.** Die wichtigsten Merkmale hierbei waren der Stolz auf das Unternehmen und die Identifikation damit. Diese Studie wird auch durch den aktuellen „Engagement-Index" 2012[6] des Gallup-Instituts bestätigt, der die Bindungsstärke von Mitarbeitern an ihr Unternehmen aufzeigt.

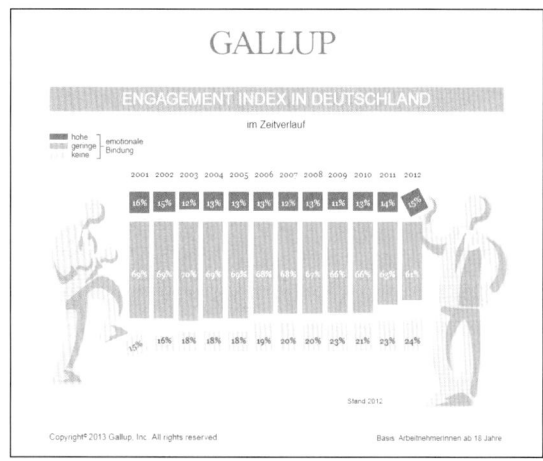

Quelle: Gallup, Berlin

Die Folgen dieser Ergebnisse sind sowohl für die Leistungsfähigkeit der einzelnen Unternehmen als auch für die gesamte Volkswirtschaft tragisch. Der gesamtvolkswirtschaftliche Schaden, der in Deutschland durch unzufriedene Mitarbeiter entsteht, liegt jährlich bei 112 bis 138 Mrd. Euro.

Erfolgreiche Führung

Zufriedene Mitarbeiter stehen in einem sehr engen Zusammenhang mit Führung. Führung darf sich deshalb nicht nur auf die Umsetzung von Zielvorgaben und Arbeitsanweisungen von oben nach unten beschränken. Führung bedeutet in erster Linie die Anwendung von Fähigkeiten im Umgang mit Menschen. Aber wie sehen diese Fähigkeiten aus? Was muss ich als Führungskraft wissen und tun, damit Mitarbeiter motiviert und zufrieden sind? Die aktuellen Erkenntnisse aus der Gehirnforschung zeigen dazu einiges auf.

Kein Gehirn gleicht dem anderen

Selbst wenn zwei Menschen exakt das Gleiche denken, so geht der Gedanke bei diesen beiden Menschen dennoch unterschiedliche Wege im Gehirn. Das menschliche Gehirn besteht aus rund 100 Mrd. Gehirnzellen, die untereinander ca. 100 Billionen Verbindungen eingehen. Die Persönlichkeit eines Menschen ist neurowissenschaftlich gesehen das Spiegelbild dieses neuronalen Netzwerks. Dies nicht nur für sich zu entdecken, sondern auch bei anderen anzuerkennen, ist eine der wichtigsten Voraussetzungen für erfolgreiche Führung und Motivation. Das heißt, dass man die eigene Wahrnehmung und Meinung nie als die einzige Wahrheit und Wirklichkeit sehen sollte.

Führen bedeutet Vorbild sein

Ein weiterer Punkt ist die Vorbildfunktion einer Führungskraft. Durch Abschauen und Nachahmen haben wir unsere Muttersprache erlernt. Durch das Verhalten unserer Eltern und Lehrer hat sich in unserer Kindheit unser soziales und kulturelles Wertesystem entwickelt. Und im Berufsleben sind es die Führungskräfte, von denen wir am schnellsten und effektivsten lernen können – und zwar positiv wie negativ. Wenn es also darum geht, neue Wissensinhalte zu vermitteln, Verhalten bei Mitarbeitern zu ändern oder die Bereitschaft zu entwickeln, neue Wege zu gehen, dann ist die Vorbildfunktion eine unbedingte Voraussetzung.

Richtige Entscheidungen treffen

Ob und in welchem Umfang die Führung und Motivation von Mitarbeiten gelingt, hängt auch davon ab, dass Führungskräfte die richtigen Entscheidungen treffen. Für das Treffen von Entscheidungen sind im Gehirn hauptsächlich folgende vier Systeme verantwortlich:

Das Belohnungssystem – der Entstehungsort für Leistung
Der Zweck des Belohnungssystems im Gehirn ist, den Anreiz für weitere Aktivitäten zu erhalten. Diese Erkenntnis hat im Zusammenhang mit Führung und Motivation eine enorme Bedeutung. Sie stellt die Grundlage zur Leistungsbereitschaft dar.

Das Emotionssystem – Die Bewertungszentrale der Reize
Aus Sicht der Gehirnforschung sind Emotionen chemische Prozesse des Nervensystems, also Hirnfunktionen, die wir z. B. als Wut, Angst, Freude oder Trauer empfinden. Das bekannteste Areal zur Emotionsverarbeitung im menschlichen Gehirn ist die Amygdala (Mandelkern). Sie ist Teil des limbischen Systems und mit vielen anderen Strukturen des Gehirns verbunden. Durch diese Verbindungen kommt es unter anderem zu einer vermehrten Ausschüttung von Botenstoffen.

Das Erinnerungssystem – Die Quelle für Erwartungen
Wenn wir unser Leben beschreiben, so ist dies die Summe der Erlebnisse und Erfahrungen, an die wir uns bewusst oder unbewusst erinnern. Also alles, was von unserem Belohnungs- und Emotionssystem als bedeutsam bestimmt wurde. Das heißt: Je stärker ein Erlebnis oder eine Erfahrung an Belohnungen oder Bestrafungen bzw. an positive oder negative Emotionen geknüpft ist, desto besser behalten wir es in Erinnerung.

Das Entscheidungssystem – die oberste Kommandozentrale
Das Zentrum dieses Systems befindet sich im vorderen Bereich unseres Gehirns, dem präfrontalen Cortex, welcher auch der Sitz unserer sozialen Normen und Werte ist. Hier laufen alle Informationen aus den drei zuvor genannten Systemen zusammen und unter Berücksichtigung unserer sozialen Normen und Werte werden dann Entscheidungen getroffen, Strategien entwickelt und Pläne entworfen.

Wenn also unser Gehirn gute und richtige Entscheidungen trifft, ist der nächste Schritt der, dass wir dem Ganzen auch entsprechende Taten folgen lassen.

Erfolgreiche Mitarbeiter

Wenn Führungskräfte positiv handeln, werden die Mitarbeiter diesem Vorbild folgen und ebenfalls entsprechend positiv handeln. Unsere Entscheidungen und Handlungen sind ein individueller Mix aus Ratio und Emotio, Bewusstsein und Unbewusstsein sowie egoistischer und sozialer Prägung. Sie unterliegen vielen Einflussfaktoren, die sich in unserem Gehirn in verschiedenen Arealen abspielen.

Persönlichkeit

Unter Berücksichtigung all dieser Dinge ist die eigene Persönlichkeitsentwicklung sehr stark abhängig von einem Prozess, den man als emotionale Konditionierung bezeichnet. Sie setzt bereits vor der Geburt ein, erfährt ihre stärkste Phase in den ersten Lebensmonaten und -jahren, entwickelt sich dann in der Kindheit bis in die späte Jugend weiter und stellt die Grundlage unserer späteren Persönlichkeit dar. Die emotionale Konditionierung ist von vier wesentlichen Bestimmungsgrößen geprägt:

- Der individuellen genetischen Ausrüstung
- Den Eigenheiten der individuellen Hirnentwicklung (vor allem vorgeburtlich und früh nachgeburtlich)
- Den persönlichen Erfahrungen (vornehmlich vorgeburtliche und frühe nachgeburtliche Erfahrungen, insbesondere Bindungserfahrungen)
- Den psychosozialen Einflüssen (vor allem im Kindes- und Jugendalter)

Aus diesen vier Bereichen und ihrer ganz spezifischen Dynamik und Plastizität entsteht dann das Fundament, auf dem wir später unsere Entscheidungen, unsere Handlungen und auch unsere Ziele ausrichten.

Das Setzen von Zielen

Was hat Erfolg mit Zielen zu tun? Bereits in den 1960er-Jahren fand man durch zahlreiche Befragungen unter Arbeitnehmern heraus, dass Ziele, die konkret und spezifisch formuliert werden, besonders leistungsfördernd wirken und die Zufriedenheit erhöhen. Die klare Vorgabe: „Erhöhen Sie den Umsatz um 10 % bis zum Ende des Jahres" bewirkt wesentlich mehr als eine unkonkrete Aussage wie: „Geben Sie Ihr Bestes". Das gilt auch für andere Lebensbereiche: „Jeden Tag 10 km joggen" ist konkreter als „mehr Sport treiben".

Konkret formulierte Ziele sind deshalb besser erreichbar als allgemein formulierte, weil die Aufmerksamkeit stärker auf das Ziel gerichtet wird und sich konkrete Formulierungen besser überprüfen lassen. Dadurch werden sowohl die Motivation als auch das Durchhaltevermögen gefördert.

Erfolg wäre somit also – in gewissen Grenzen – beeinflussbar und planbar!? Wenn das so ist, was sind dann die beeinflussbaren Größen und in welchem Umfang kann ich auf sie einwirken? Die moderne Hirnforschung hat inzwischen Methoden entwickelt, die erlauben, ein tieferes Verständnis für den Grad unserer Zielerreichung zu erlangen.

Intelligenz

Ein Merkmal, das in der Psychologie zu Unrecht nicht zu den grundlegenden Persönlichkeitsmerkmalen (Extraversion, Verträglichkeit, Gewissenhaftigkeit, Neurotizismus und Offenheit) zählt, aber unter neurobiologischen Gesichtspunkten unbedingt dazu zählen muss, ist das Merkmal der Intelligenz.

Unterschieden wird hierbei in die allgemeine (fluide) Intelligenz und in die bereichsspezifische (kristalline) Intelligenz. Die allgemeine Intelligenz definiert z. B. die Schnelligkeit und Effektivität der Informationsverarbeitung im Gehirn. Die bereichsspezifische Intelligenz dagegen definiert z. B. das Wissen aus unterschiedlichen Bereichen und seine Verfügbarkeit. Ein intelligenter Mensch ist somit jemand, der schnell sieht, was Sache ist, und dem ebenso schnell einfällt, was jetzt zu tun ist, um ein Ziel erfolgreich zu erreichen.

Motivation

Motivation bezeichnet das Streben, ein gewünschtes Ziel auch tatsächlich zu erreichen und etwas dafür zu tun. Das Motiv ist also so etwas wie der Motor, der mithilfe von Treibstoff (Motivator) das Auto in Bewegung setzt, um an einen bestimmten Ort (Ziel) zu gelangen. Die Motivationsforschung macht einen Unterschied zwischen Motiven und Zielen: Motive sind unbewusste Handlungsantriebe. Ziele sind bewusste Handlungsantriebe. Menschen, bei denen Motive und Ziele übereinstimmen, zeichnen sich durch ein hohes Maß an Ausdauer, Beharrlichkeit und Konsequenz aus. Sie sind motiviert, zufrieden und leistungsfähig und damit auch erfolgreich. Menschen, bei denen Motive und Ziele nicht übereinstimmen, sehen z. B. Hindernisse nicht als Herausforderung, sondern als Bedrohung an. Was wir tun, muss aus unserer bewussten und unbewussten Lebenserfahrung heraus plausibel und gerechtfertigt erscheinen.

Wie wir wissen, sind sowohl positive als auch negative Gefühle gesetzmäßig mit der Ausschüttung bestimmter Substanzen in unserem Gehirn verbunden. Bei Gefühlen wie z. B. Zufriedenheit, Freude oder Glück werden u. a. Substanzen wie Serotonin oder Dopamin ausgeschüttet. Serotonin wirkt z. B. beruhigend und angstmindernd. Dopamin wirkt z. B. beflügelnd und anregend.

Motivation aus Sicht der Neurowissenschaften entsteht dann, wenn bestimmte Ereignisse in der Umwelt oder im eigenen Körper durch Zentren des limbischen Systems registriert werden und dann wiederum auf die Bereiche des Gehirns einwirken, die unser Verhalten steuern. Eine besonders interessante Erkenntnis hierbei ist, dass uns nicht das eigentliche Erleben von positiven Gefühlen motiviert, sondern vielmehr das Streben nach diesen Zuständen. Wissenschaftliche Untersuchungen haben gezeigt, dass der Botenstoff Dopamin dann ausgeschüttet wird, wenn wir eine Belohnung erwarten. Keine oder eine nur geringe Dopaminausschüttung findet hingegen statt, wenn das angestrebte Ziel erreicht ist. Es ist also die Vorfreude darauf, wie wir uns auf dem Weg zur Erreichung eines Zieles fühlen, was uns motiviert. Nicht aber das Ziel selbst! Würde man die Motivationssysteme in den Unternehmen an diese Erkenntnisse anpassen, so ginge es vielen Mitarbeitern und Führungskräften besser.

Bewusste und unbewusste Lebenserfahrungen

Das, was wir bewusst wahrnehmen, kann man in die grundlegenden Erlebnisbereiche Körper, Umwelt, Geist/Gefühl einteilen. Unser Bewusstsein hat seinen Sitz in der Großhirnrinde (äußere Schicht unseres Gehirns). Zustände werden damit bewusst erlebt und können sprachlich wiedergegeben werden. Unser Bewusstsein brauchen wir immer dann, wenn wir uns mit etwas Neuem oder Ungewohntem auseinandersetzen, bei dem es um die komplexe Verarbeitung von Details geht. Wir konzentrieren uns dann auf die anstehende Aufgabe oder das anstehende Ziel, und je mehr wir uns konzentrieren, desto höher wird die Intensität der bewussten Wahrnehmung.

Das Unbewusstsein umfasst insgesamt sechs Schwerpunkte:

- Alles, was wir vorgeburtlich und in unserer frühen Kindheit erfahren haben, bleibt unbewusst, da zu diesen Zeiten unser bewusstseinsfähiger assoziativer Cortex noch nicht ausgereift war.
- Alle vorbewussten Wahrnehmungsinhalte. Bevor uns etwas bewusst wird, wird die sensorische Information von den Sinnesorganen bis hin zum sogenannten assoziativen Cortex ca. $3/10$ bis $5/10$ Sekunden lang unbewusst vorbereitet und darüber entschieden, ob die Information überhaupt ins Bewusstsein gelangen soll.

- **Alle unterschwelligen Wahrnehmungen.** Wahrnehmungen, die zwar viele Zentren in unserem Gehirn erregen, aber die Schwelle zum Bewusstsein nicht überschreiten. (Sie sind uns unwichtig, sodass sich unser Gehirn erst gar nicht damit befasst, oder es sind Informationen, die zwar wichtig sind, unser Gehirn aber unbewusst abarbeiten kann, weil es hierfür Routine-Programme besitzt.)
- **Alle Wahrnehmungsinhalte außerhalb unserer Aufmerksamkeit.** Wir nehmen diese nicht bewusst wahr, weil wir diesen Dingen keine Aufmerksamkeit schenken (obwohl sie vielleicht direkt vor uns liegen).
- **Alle Inhalte des Fertigkeitsgedächtnisses,** das alles speichert, was wir beherrschen, ohne dass wir beschreiben könnten, wie wir es machen (z. B. Schuhe binden oder Fahrrad fahren).
- **Alle Inhalte des Erfahrungsgedächtnisses,** das die Grundstruktur unseres Charakters und unserer Persönlichkeit bildet.

Unbewusst können wir Dinge und Vorgänge wahrnehmen, die nicht kompliziert sind. Wir haben Gefühle, Wünsche und Motive, die aus unserem Unbewusstsein kommen und uns antreiben, Ziele zu erreichen. Unser Gehirn kann 99,9996 % der Informationen, die es erhält, unbewusst verarbeiten. Das bedeutet, dass bei all unseren Entscheidungen, unseren Handlungen und somit auch bei der Erreichung unserer Ziele unser Unbewusstsein eine viel größere Rolle einnimmt als unser Bewusstsein.

Fazit: Wir sollten darauf achten, unsere Mitarbeiter immer wieder vor neue Herausforderungen zu stellen, indem wir ihnen Aufgaben übertragen, die für sie neu bzw. außerhalb ihrer Routine sind. So erreichen wir ihren bewussten Handlungsantrieb und sie erreichen nicht nur ihre eigenen Ziele, sondern auch die des Unternehmens.

Erfolgreiche Teams

Noch gewinnbringender für ein Unternehmen sind die Mitarbeiter, wenn sie gut in Teams zusammenarbeiten. Teamarbeit bedeutet, gemeinsam stärker und produktiver zu sein als der Einzelne. Sie ist weit mehr als die Summe der Einzelleistungen. Für eine erfolgreiche Teamarbeit sind vor allem Motivation, Kommunikation, Identifikation und Kooperation wichtig. Damit die Kooperation gut gelingt, sind drei weitere wichtige Voraussetzungen erforderlich, auf deren Grundlage sich dann alles andere entwickeln kann:

- **Das persönliche Wertesystem der Teammitglieder muss ähnlich sein.** Wichtige Faktoren sind z. B. Wertschätzung, Vertrauen, Klarheit, Konsequenz.
- **Die Bereitschaft, das Wissen mit den anderen zu teilen, muss vorhanden sein.** Oft wird vergessen, dass Wissen erst dann einen Wert bekommt, wenn es mit anderen geteilt wird. So profitiert jedes Teammitglied vom Wissen der anderen Teammitglieder.
- **Empathie muss gegeben sein.** Die Teammitglieder sollten über die Fähigkeit verfügen, sich in die anderen Teammitglieder hineinzuversetzen.

Wer die behandelten Faktoren und Zusammenhänge erkennt, versteht und berücksichtigt, ist mit Sicherheit auf einem sehr guten Weg zum Erfolg. Dies wird sich nicht nur positiv auf die Führung und Mitarbeitermotivation sowie eine gute interne Information und Kommunikation auswirken, sondern garantiert auch auf eine erfolgreiche Zusammenarbeit mit Kunden und Geschäftspartnern.

Wenn Menschen sich gegenseitig respektieren und sich persönliche Wertschätzung, Lob und Anerkennung entgegenbringen, dann produziert ihr Gehirn Botenstoffe wie Dopamin (Einsatzbereitschaft), endogene Opioide (Arbeitsfreude) und Oxytocin (Gemeinschaftsgeist). Wem es gelingt, die Produktion dieses Botenstoffcocktails bei sich selbst, seinen Führungskräften und Mitarbeitern zu aktivieren, der wird eines mit Sicherheit haben: „Unternehmenserfolg und Gelassenheit"!

Quellennachweis:

[1] Brockhaus (1968), S. 655
[2] Böing, 2001, S. 42, www.businessmodelcreativity.net
[3] Henry Ford (1863 – 1947), US-amerik. Großindustrieller
[4] Kurt Nagel, „Die 6 Erfolgsfaktoren des Unternehmens", mi Verlag Moderne Industrie, 01.01.1986
[5] Bundesministerium für Arbeit und Soziales, 2008, http://www.bmas.de/DE/Service/Publikationen/Forschungsberichte
[6] Gallup „Engagement-Index" 2012, www.gallup.com, Akademie für neurowissenschaftliches Bildungsmanagement, www.afnb.de

Andreas Baumgärtner

*Diplomierter Sparkassenbetriebswirt und
Systemischer Business-Coach (ICA)*

Andreas Baumgärtner sammelte sein Know-how in seiner langjährigen Tätigkeit als Firmenkundenberater und Führungskraft in der Bankenbranche. Er spezialisierte sich auf die Beratung von mittelständischen Unternehmen, insbesondere in den Bereichen Finanzierung, strategische Planung und Bankenkommunikation.

Heute vermittelt er in Beratungen, Coachings und Vorträgen sein Fachwissen als „Bankinsider", gepaart mit der richtigen Kommunikationsstrategie. Die Kunden und Teilnehmer schätzen seine verbindliche, klar strukturierte und leicht nachvollziehbare Art der Vermittlung von komplexen Themen. Er schafft es, alle Beteiligten auf die wirklichen Erfolgsfaktoren zu fokussieren.

Themen:
- Strategiepower – Mit DELFINALE zum Unternehmenserfolg
- Businesspower – Mit Zielen und den besten Mitarbeitern zum Unternehmenserfolg
- Finanzierungspower – Mit Insiderwissen zur optimalen Unternehmensfinanzierung

www.A-B-solutions.de

Die 14 größten Finanzierungsfehler und wie man sie vermeidet

Wer Anschaffungen oder Investitionen finanzieren möchte, hat meistens mehrere Alternativen. Es geht darum, Angebote einzuholen, Konditionen zu vergleichen sowie Vor- und Nachteile abzuwägen. Schließlich muss eine Entscheidung getroffen werden. Leider kann diese auch falsch sein. Solche Finanzierungsfehler können fatale Folgen haben. Um unnötiges Lehrgeld zu vermeiden, erfahren Sie in diesem Beitrag mehr zu den 14 größten Finanzierungsfehlern.

Finanzierungsfehler 1:
Die beantragte Kreditsumme ist zu niedrig.

Häufig wird der Fehler gemacht, einen niedrigeren Kredit zu beantragen, um die Chance auf die Kreditgewährung zu erhöhen. Die Gefahr besteht, dass die Bank nicht aufstockt, falls weiterer Kreditbedarf entsteht. Des Weiteren wird eine „Nachfinanzierung" negativ betrachtet, es entsteht leicht der Eindruck einer unzureichenden Planungsrechnung. Durch gewissenhafte Planung wächst seitens der Bank im Laufe der Zeit Vertrauen in die kaufmännischen Fähigkeiten des Unternehmers. Dies erhöht in schwierigeren Zeiten den Spielraum gegenüber der Bank.

Bei der Nachfinanzierung hat man oft nicht mehr die Möglichkeit, zu einer anderen Bank zu wechseln. Diese Tatsache und die sich aus der Nachfinanzierung ergebende Risikoerhöhung nutzt die Bank meistens durch höhere Konditionen aus. Eventuell ist es sinnvoll, eine kleine Reserve einzubauen, um in jedem Fall ausreichende Mittel für das Vorhaben bereit zu haben. Deshalb sollte man einen Kredit in jedem Fall in Höhe des tatsächlichen Kapitalbedarfs beantragen.

Finanzierungsfehler 2:
Es fehlt eine Liquiditätsreserve.

Um Zahlungsunfähigkeit zu vermeiden, sollte besonders bei einem schwankenden Kapitalbedarf für eine ausreichende Liquiditätsreserve gesorgt werden.

Schwankender Kreditbedarf entsteht z. B. bei Unternehmen, die starken saisonalen Einflüssen unterworfen sind. Auch bei der Abwicklung von Kundenaufträgen, die der Höhe nach stark schwanken, kann ein wechselnder Kapitalbedarf entstehen, z. B. für die Vorfinanzierung des

Materialeinkaufs, der erforderlich ist, um den Kundenauftrag abzuwickeln. Der Unternehmer muss zunächst das erforderliche Material einkaufen, das er für den Kundenauftrag benötigt, und er muss die Löhne seiner Mitarbeiter bezahlen, die den Kundenauftrag abwickeln. Erst bei „Lieferung" des fertigen Produktes kann der Unternehmer die Rechnung stellen. Oft muss auch ein Zahlungsziel gewährt werden. Hieraus wird erkennbar, dass ein Finanzierungsvorlauf entsteht, der ausreichend zu berücksichtigen ist. Eventuell kann der Unternehmer bei Großaufträgen Teilzahlungen oder Vorkasse mit dem Auftraggeber vereinbaren. Dies ist natürlich von der Verhandlungsposition abhängig.

Finanzierungsfehler 3:
Unzureichende Kapitalbedarfsplanung

Um richtig zu finanzieren, muss besonders sorgfältig geplant werden. Eine Kapitalbedarfsplanung hilft, Liquidität zu sichern und Zahlungsunfähigkeit zu vermeiden. Bei der Kapitalbedarfsplanung unterteilt man in den langfristigen und kurzfristigen Kapitalbedarf. Langfristiger Kapitalbedarf besteht z. B. für Investitionen in Maschinen oder Betriebs- u. Geschäftsausstattung. Ein kurzfristiger Kapitalbedarf ergibt sich für den sogenannten Betriebsmittelbedarf. Dies sind z. B. die fixen Betriebsausgaben wie Miete, Personal- und Fahrzeugkosten. Weiterhin zählt dazu die Finanzierung der Forderungen an Kunden von der Rechnungsstellung bis zum Zahlungseingang. Ein wichtiger Faktor bei der Kapitalbedarfsplanung sind die Privatentnahmen, die der Unternehmer tätigen muss, um seinen Lebensunterhalt zu bestreiten. Darüber hinaus ist es wichtig, für alle Eventualitäten eine Liquiditätsreserve zu haben.

Finanzierungsfehler 4:
Die Laufzeit der Finanzierung ist zu kurz .

Kreditnehmer äußern sich häufig wie folgt: *„Ich will den Kredit so schnell wie möglich zurückzahlen."* Dies ist aus Sicht des Unternehmers auch erstrebenswert, jedoch nicht immer durchführbar. Dies soll anhand folgender Erläuterungen deutlich werden:

Auf der linken Seite der Bilanz (Aktiva) stehen das langfristige Anlagevermögen (Maschinen, Fahrzeuge, Betriebs- und Geschäftsausstattung usw.) und das kurzfristige Umlaufvermögen (Warenbestand, Forderungen an Kunden, Kassenbestand usw.). Auf der rechten Bilanzseite (Passiva) sieht man, wie das Unternehmensvermögen finanziert ist. Hier steht zunächst das langfristige Eigenkapital zur Verfügung, weiterhin die langfristigen Bankdarlehen und die kurzfristigen Verbindlichkeiten an Warenlieferanten oder der kurzfristige Kontokorrentkredit der Bank.

Die „goldene Finanzierungsregel" besagt, dass langfristige Wirtschaftsgüter langfristig und kurzfristige Wirtschaftsgüter kurzfristig zu finanzieren sind. Dies ist ein entscheidender Faktor zum Erhalt der erforderlichen Liquidität.

So hat z. B. eine Maschine eine lange Nutzungsdauer. Somit ist dieses Wirtschaftsgut auch langfristig zu finanzieren. Finanziert der Unternehmer die Maschine z. B. über den kurzfristigen Kontokorrentkredit, so fehlt dem Unternehmen die Kreditlinie zur Finanzierung des kurzfristigen Umlaufvermögens (z. B. Wareneinkauf). Finanziert der Unternehmer die Maschine mit einem kurzfristigen Darlehen, führen die zu hohen Tilgungsraten zum Aufbau der Beanspruchung der Kontokorrentlinie. Somit würde die Maschine schrittweise de facto teilweise über den Kontokorrentkredit finanziert und dies engt die Kreditlinie, die zur Finanzierung kurzfristiger Vermögenswerte benötigt wird, unnötig ein.

Die Maschine muss entsprechend der Nutzungsdauer langfristig finanziert werden, da zum Zeitpunkt der Ersatzinvestition das hierfür aufgenommene Darlehen zurückgezahlt sein soll, denn für die Folgeinvestition muss erneut ein Darlehen aufgenommen werden. Die Konditionen für langfristige Darlehen sind in der Regel auch günstiger als der kurzfristige Kontokorrentkredit.

Kurzfristige Vermögenswerte, wie z. B. der Wareneinkauf, sollen auch kurzfristig, z. B. über den Kontokorrentkredit oder Kredite der Lieferanten, finanziert werden. Hier fließen dem Unternehmen auch wieder kurzfristig die Mittel aus den Lieferungen an die Kunden zu, um die kurzfristigen Verbindlichkeiten zu begleichen.

Somit ist die Einhaltung der „goldenen Finanzierungsregel" elementar wichtig, um dem Unternehmen eine gute und richtige Finanzierungsstruktur zu geben.

Nochmals zur Wiederholung:
langfristige Wirtschaftsgüter - langfristig finanzieren
kurzfristige Wirtschaftsgüter – kurzfristig finanzieren

Als Ausnahme von der „goldenen Finanzierungsregel" können jedoch kurzfristige Wirtschaftsgüter auch langfristig finanziert werden. So kann es z. B. sinnvoll sein, den Sockelbestand des Warenlagers auch langfristig zu finanzieren, denn dieser ist ja auch langfristig im Unternehmen vorhanden. Jedoch: Nie umgekehrt.

Finanzierungsfehler 5:
Unzureichende Liquiditätsplanung

Um langfristige Liquidität zu sichern, ist eine sorgfältige und optimale Liquiditätsplanung für jeden Unternehmer ein absolutes „Muss". Mindestens auf Monatsbasis sollten die Einnahmen den Ausgaben gegenübergestellt werden. Tipp: 3-Monats-Rollover-Liquiditätsplanung.
Wenn der Unternehmer das Zahlenmaterial aufgrund des Umfangs nur schwierig selbst aufbereiten kann, ist der Steuerberater mittels EDV-gestützter Programme behilflich (monatliche Datev-Auswertungen). In kritischeren Unternehmensphasen ist es möglich, dass die Hausbank solche Planungsunterlagen vom Unternehmer einfordert, um die Entwicklung des Unternehmens zu begleiten. Bei größeren Unternehmen kann es auch Sinn machen, zur Unterstützung ein externes Beratungsunternehmen zu beauftragen.

Finanzierungsfehler 6:
Keine freien Kreditsicherheiten mehr in der Reserve

Bei der Beurteilung eines Kreditantrages ist für die Bank von entscheidender Bedeutung, dass der Kreditnehmer aus seinem Unternehmen heraus, also aus der Liquidität, in der Lage ist, die Kreditraten (Kapitaldienst) zu tragen. Eine Bank wird niemals ausschließlich wegen einer guten Besicherung eines Kredites dem Kreditwunsch entsprechen.
Eine Bank kann nicht das unternehmerische Risiko tragen und wird deshalb auf eine angemessene Besicherung des Kredites achten. Wichtig ist, für beide Seiten eine gute Balance zu finden, d. h. nicht mehr Sicherheiten zu stellen, als unbedingt erforderlich. In erster Linie sollte der Kreditnehmer Sicherheiten anbieten, die aus der Vermögenssphäre des Unternehmens stammen. Dies können z. B. die Sicherungsübereignung der Maschine oder des Fahrzeugs oder die Abtretung der Forderungen aus Lieferungen und Leistungen sein. Für langfristige Darlehen kann auch eine Sicherheit am Grundstück und Gebäude des Unternehmens angeboten werden, insbesondere dann, wenn das Darlehen zur Finanzierung oder Modernisierung des Grundvermögens verwendet wird.

Sicherheiten aus dem Privatvermögen sollte der Unternehmer möglichst außen vor lassen (z. B. Grundschulden auf dem privaten Wohnhaus). Dies schützt sein Privatvermögen im schlimmsten Fall vor Verwertungen. Sicherstellungen am privaten Vermögen sollten nur im zweiten Schritt oder im Notfall angeboten und gegeben werden.

Sicherheiten in der Hinterhand schaffen die Möglichkeit und Reserve, noch Sicherheiten stellen zu können, wenn die Bank z. B. bei einer Krediterhöhung Sicherheiten nachfordert.

Finanzierungsfehler 7:
Zu hohe kurzfristige Kredite

Um Liquiditätsschwierigkeiten zu vermeiden, finanzieren Sie Anlagevermögen ausschließlich langfristig („goldene Finanzierungsregel"). Kurzfristige Kredite und Darlehen sind in der Regel teurer (z. B. der Kontokorrentkredit) bzw. erfordern eine erhöhte Liquidität zur Zins- und Tilgungsleistung.

Finanzierungsfehler 8:
Geringe Eigenkapitalquote

Für die Gründung eines Unternehmens ist ein ausreichendes Eigenkapital einzubringen. Der Anteil des Eigenkapitals am Gesamtkapital (Bilanzsumme) sollte angemessen sein. Hierfür kann keine Regel aufgestellt werden, da dies von der Art des Unternehmens abhängig ist. Bei einem hohem Anteil an Anlagevermögen sollte tendenziell ein höheres Eigenkapital vorhanden sein als z. B. bei einem Handelsunternehmen.

Das Eigenkapital bildet den Grundstock des Unternehmens. Außer einer lediglich kalkulatorischen Größe muss für das Eigenkapital niemandem ein Zins bezahlt werden, es ist auch nicht erforderlich, dass das Unternehmen dieses dem Unternehmer gegenüber „tilgt". Es bietet somit einen wichtigen Schutz für Krisenzeiten. Auch für die Finanzierung von Vorhaben in der Folgezeit erwartet die Bank einen angemessenen Eigenkapitaleinsatz.

Für das Unternehmenswachstum ist es wichtig, das Eigenkapital mit dem Wachstum des Unternehmens aufzubauen. Dies bedeutet, dass der Unternehmer aus dem Gewinn heraus auch das Eigenkapital mindestens um die Inflationsrate aufstocken sollte.

Um die Eigenkapitalquote hoch zu halten, können auch Finanzierungsformen gewählt werden, die sich außerhalb der Bilanz abspielen (z. B. Leasing). Hierbei wird ein Wirtschaftsgut (z. B. Fahrzeug) quasi gemietet. Das Fahrzeug erscheint nicht in der Bilanz, da das Unternehmen nicht Eigentümer des Fahrzeuges ist, auch die Verbindlichkeit gegenüber der Leasinggesellschaft ist nicht bilanzwirksam. So wird die Aktiv- und die Passivseite durch die Investition nicht „verlängert" und die Eigenkapitalquote bleibt trotz der Finanzierung unverändert.

Ein Beispiel:

alle Aktiva	T€ 200	Eigenkapital T€	50 (Quote 25 %)
		Fremdkapital T€	150
Bilanzsumme	T€ 200	Bilanzsumme T€	200

Wenn nun anstelle der Leasingfinanzierung ein Fahrzeug für T€ 50 mit Darlehen finanziert wird, so erhöht sich bei gleichbleibendem Eigenkapital die Bilanzsumme auf T€ 250 und die Eigenkapitalquote sinkt von 25 % auf 20 %.

Banken werten die Bilanzen der Unternehmer aus und errechnen hierbei bestimmte Bilanzrelationen. Eine wichtige Relation ist die Eigenkapitalquote. Wie man anhand dieses Beispiels erkennt, bleibt diese trotz der Finanzierung des Fahrzeuges durch Leasing unverändert hoch.

Finanzierungsfehler 9:
Teure Kreditarten

Bestimmte Kreditarten sind „teuer", z. B. der Kontokorrentkredit.

Wenn durch eine falsche Beratung oder ungeschickte Finanzierungswahl zu viele „teure" Kreditarten eingesetzt werden, so schadet dies der Liquidität und Rentabilität des Unternehmens. Deshalb ist es wichtig, für jeden Finanzierungszweck die richtige und angemessene Finanzierungsform zu wählen.

Die aktuelle Zinsphase ist wichtig für die Dauer einer eventuellen Zinsfestschreibung. In Zeiten niedriger Zinsen, wie momentan, sollte eher eine längerfristige Zinsfestschreibung vereinbart werten, in Hochzinsphasen sind kürzere Zinsbindungen oder variable Zinsen ratsam. Weiterhin ist der Einsatz öffentlicher Kreditprogramme sinnvoll, da hier die Zinskonditionen durch öffentliche Banken oder staatlicherseits subventioniert werden.

Finanzierungsfehler 10:
Keine Einbeziehung öffentlicher Kreditprogramme

Durch fehlerhafte Beratung oder Unkenntnis des Bankberaters bzw. des Unternehmers kann dem Unternehmen Schaden entstehen. Dies ist z. B. der Fall, wenn Kreditprogramme öffentlicher Banken (L-Bank, Kreditanstalt für Wiederaufbau usw.) nicht beantragt werden, da diese oft deutlich günstiger sind als die Mittel der Hausbank. Auch hierbei sind langfristige Zinsfestschreibungen möglich. Zinsgünstige Darlehen dieser Institute reduzieren die Zinslast und steigern die Rentabilität des Unternehmens.

Ein weiterer Vorteil dieser Kreditprogramme ist, dass sie zwar in der Regel über die Hausbank zu beantragen sind, diese jedoch teilweise nicht ins volle Obligo gehen muss, also im Falle einer Zahlungsunfähigkeit des Unternehmens nur einen relativ geringen Schaden erleidet. Weiterhin können bestimmte Kreditformen durch die Bürgschaft einer staatlichen Bürgschaftsbank besichert werden. Auch dies bietet der Hausbank zusätzlichen Schutz vor Forderungsausfällen.

Als Beispiel für öffentliche Kreditprogramme kann der Liquiditätskredit der L-Bank genannt werden. Diese Kreditart kann eingesetzt werden, um Betriebsmittel, Konsolidierungen oder Betriebsübernahmen zu finanzieren.

Bei jeder bedeutenden Investition, unabhängig ob sie durch Kredite oder Darlehen finanziert wird, ist zu prüfen, ob für den Finanzierungszweck öffentliche Kreditprogramme oder Zuschüsse in Anspruch genommen werden können (Finanzierung von Grundstücken und Firmengebäuden, Existenzgründung, -festigung, Umweltschutzmaßnahmen, Innovationen usw.). In bestimmten Fällen werden auch „verlorene Zuschüsse" gewährt, also Gelder, die der Unternehmer nicht mehr zurückzahlen muss. Bei bestimmen Konstellationen können mehrere Förderwege miteinander kombiniert werden.

Bei der Beratung über öffentliche Förderprogramme kann auch die Beratung eines unabhängigen freien Beraters hilfreich sein. Bankberater neigen bisweilen dazu, diese Kreditprogramme nicht anzubieten, insbesondere bei kleineren Betragsgrößen, da die Beantragung und Bearbeitung sehr zeitintensiv ist.

Finanzierungsfehler 11:
Die zur Verfügung stehenden Finanzierungsoptionen werden nicht konsequent genutzt.

Gegenüber bestimmten Finanzierungsformen bestehen, aus Unkenntnis oder unbegründetem Misstrauen gegenüber weniger bekannten Kapitalgebern, Vorbehalte. Oft sind auch die Vergabebedingungen nicht hinreichend bekannt. Hierdurch entgehen dem Unternehmer die Vorteile solcher alternativen Finanzierungsformen (z. B. Leasing, Factoring).

Leasing ist eine Form der Anmietung eines Wirtschaftsgutes. Der Unternehmer nutzt das Wirtschaftsgut (z. B. Maschine) in seinem Unternehmen, ohne dass es dem Unternehmen oder dem Unternehmer gehört. Das Leasingunternehmen ist Eigentümer des Wirtschaftsgutes, der Unternehmer zahlt an das Leasingunternehmen die Leasingrate, eine Mietrate, die aus einem Zinsanteil und einem Anteil für die laufende Wertminderung besteht. Leasing schont die Bilanzrelationen des Unternehmens. Ein weiterer Vorteil ist, dass das Wirtschaftsgut gleichzeitig die „Besicherung" dieser Finanzierungsform ist. Je nach den Modalitäten kann der Unternehmer nach Ablauf des Vertrages das Gut übernehmen oder es an die Leasinggesellschaft zurückgeben. Oft besteht sogar ein Wahlrecht. Hierdurch wird gewährleistet, dass dem Unternehmen stets neueste Technik zur Verfügung steht.

Factoring ist der Verkauf der Forderungen des Unternehmens an eine Factoringgesellschaft. Diese kauft die Forderungen des Unternehmens aus Lieferungen und Leistungen an und stellt dafür sofort Liquidität zur Verfügung. Hierdurch wird die Kontokorrentlinie geschont oder weitestgehend überflüssig. Die Factoringgesellschaft bietet zahlreiche Dienstleistungen an. Dies sind z. B. die Debitorenbuchhaltung, die Rechnungserstellung, das Mahn- und Vollstreckungswesen, die Bonitätsprüfung der Kunden des Unternehmens, eine Kreditversicherung sowie statistische Auswertungen. Selbstverständlich „kostet" Factoring auch etwas. Im Gegenzug spart der Unternehmer Kontokorrentzinsen, kann stets mit Skonto zahlen, weil er sofort Liquidität für seine Forderungen erhält, und spart u. U. auch Mitarbeiterkapazität für die Bearbeitung ein, die die Factoringgesellschaft übernimmt. Factoring wächst mit dem Unternehmenswachstum und verbessert die Bilanzrelationen, die die Hausbank bei der Bilanzauswertung errechnet.

Finanzierungsfehler 12:
Kundenforderungen und -verbindlichkeiten werden nicht zur Liquiditätsbeschaffung verwendet.

Wie kann man Kundenforderungen oder Verbindlichkeiten gegenüber Kunden für die Liquiditätsbeschaffung verwenden? Bei den Forderungen gegenüber Kunden ist zu prüfen, ob bei größeren Vorfinanzierungen, z. B. für den Wareneinkauf, vom Kunden Vorkasse erbeten werden kann. Das kann jedoch den Eindruck erwecken, der eigene Betrieb sei liquiditätsschwach. Dies kann sich negativ auf das Ansehen auswirken. Dennoch ist es zu überdenken, Vorauszahlungen mit dem Kunden zu verhandeln (Liquiditäts- und Sicherheitsaspekte).

Forderungen gegenüber Kunden können im Wege des Factoring „verkauft" werden, hierauf wurde bereits eingegangen.

Verbindlichkeiten gegenüber Lieferanten müssen entweder sofort oder mit Zahlungsziel beglichen werden. Dies bringt dem Unternehmen zusätzliche Liquidität. Ob es sinnvoll ist, hängt von den Konditionen ab und wie es um die sonstige Liquidität des Unternehmens bestellt ist. Wenn z. B. der Bank-Kontokorrentkredit stark beansprucht ist, kann es trotz eventuell schlechterer Konditionen Sinn machen, Lieferantenkredite in Anspruch zu nehmen, um das Standing gegenüber der Bank nicht zu verschlechtern.

Finanzierungsfehler 13:
Fehler in der Planungsrechnung

Fehlerhafte Excel-Modelle können zu gravierenden Fehlern in der Planungsrechnung führen. Plausibilitätschecks und regelmäßige Überprüfung durch Dritte können viele Probleme verhindern. Wie schon erwähnt, können die Beratungsleistungen eines unabhängigen Finanzberaters, des Steuerberaters oder eines externen Beratungsunternehmens hilfreich sein.
Tipp: „KISS" - keep it smart and simple. Dies meint in der Grundaussage, dass man Methoden anwendet, die relativ einfach und intelligent eingesetzt werden können.

Finanzierungsfehler 14:
Kein Finanzierungsberater

Eine seriöse und objektive Finanzierungsberatung bildet die Basis einer guten und sinnvollen Finanzierung. Deshalb sollte der Unternehmer stets den Bank- oder freien Finanzierungsberater und/oder seinen Steuerberater bei Finanzierungsfragen hinzuziehen.

Fazit:

Es gilt, diese Finanzierungsfehler zu vermeiden. Alle Finanzierungsangelegenheiten bedürfen einer gründlichen Vorbereitung und kompetenten Beratung. Warum aber ist ein **unabhängiger** Finanzberater so wichtig? Zum einen bietet er eine produktunabhängige und institutsunabhängige Beratungsleistung und analysiert Ihre bestehende Situation sowie Ihre Ziele und Wünsche. Außerdem wird ein maßgeschneidertes Finanzierungskonzept erarbeitet. Der Finanzberater ist erfahren im Umgang mit Kreditgebern und bereitet die notwendigen Unterlagen in der von den Kapitalgebern erwarteten Qualität auf. Somit wird Ihr individuelles Finanzierungskonzept mit den günstigsten Angeboten und Partnern - unter aktiver Kommunikation mit den Kapitalgebern - optimal umgesetzt.

Jürgen Bitzenauer

Jürgen Bitzenauer, Jahrgang 1955, begleitet seit über 20 Jahren als Führungskraft, Trainer und Coach Unternehmen bei Veränderungsprozessen und deren Führungskräfte und Mitarbeiter in der beruflichen und persönlichen Entwicklung, mit besonderem Schwerpunkt auf persönlichen und beruflichen Krisen.

Als ausgebildeter systemischer Coach (DBVC), Trainer und Lebensberater ist er Experte im Themenbereich WorkLife-Management (Resilienz-Entwicklung, Stress- und Burnout-Prävention, Coping-Strategien) mit der Möglichkeit zur Durchführung zugehöriger Persönlichkeitsstrukturanalysen (NEO-PI-R/BIP) und Bestimmungsverfahren zur Beurteilung der Burnout-/Stress-Vulnerabilität (BOSS/TICS).

www.help4managers.de

Steine im Weg – Stufen zum Erfolg

"Auch aus Steinen, die einem in den Weg gelegt werden, kann man Schönes bauen."
Johann Wolfgang von Goethe

Als seine Mutter stirbt, ist er gerade 9 Jahre alt. Geboren in einer Blockhütte und unter sehr ärmlichen Verhältnissen aufwachsend hilft er seinem Vater bei der harten, ungeliebten Farmarbeit. Die Lust am Lesen weckt in ihm, obwohl Analphabet wie sein Vater, seine Stiefmutter, von der er immer wieder Bücher erhält. Insgesamt kann er jedoch nur etwa eineinhalb Jahre die Schule besuchen, und dies auch nur tages- oder maximal wochenweise. Doch sein Wissensdurst ist enorm und so bringt er sich sein umfangreiches Wissen autodidaktisch bei. Als er im Alter von 21 Jahren nach dem Willen seines Vaters als Feldarbeiter sein Geld verdienen soll, bricht er mit der Familie, nimmt eine Stelle als Kaufmannsgehilfe an und scheitert ein Jahr später im Beruf. Er lässt sich jedoch nicht davon aufhalten, sondern beginnt im Selbststudium Jura zu studieren, nimmt eine Arbeit als Flößer an, kandidiert auf Anraten von Freunden mit 23 erstmals für das Repräsentantenhaus seines Staates und verliert die Wahl. Ein Jahr später scheitert er erneut als Geschäftsmann. Mit 25 Jahren kandidiert er nochmals. Dieses Mal erhält er ein Abgeordnetenmandat, doch im gleichen Jahr, kurz vor der offiziellen Verlobung, stirbt seine innig geliebte Freundin und er erleidet einen Nervenzusammenbruch und eine schwere Depression. Weitere Niederlagen lassen nicht auf sich warten. Mit 29 Jahren verliert er als Abgeordneter die Wahl zum Sprecher des Hauses, mit 31 die Wahl zum Wahlmann. Er verliebt sich erneut, heiratet mit 33 gegen den Widerstand seiner Schwiegereltern und muss miterleben, wie im Laufe seiner Ehe zwei seiner vier Kinder jung sterben. Weitere fünf Wahlniederlagen folgen, bis er endlich, im Alter von 51 Jahren, sein Ziel erreicht:

Er wird 16. Präsident der Vereinigten Staaten von Amerika und gilt heute als einer der bedeutendsten Präsidenten der USA: Abraham Lincoln.

So prominent dieses historische Beispiel auch sein mag, ähnlich schicksalhafte, zum Teil noch tragischere Biografien sind in der heutigen Zeit nicht selten anzutreffen, auch wenn in unserer auf persönlichen Erfolg fixierten Gesellschaft nicht gerne darüber gesprochen wird. Man kann davon ausgehen, dass es im Leben jedes Menschen mindestens zwei bis drei kritische und als bedrohlich wahrzunehmende Lebensereignisse gibt. Ganz oben steht in der Rangfolge der Schicksalsschläge der Verlust eines nahestehenden, geliebten Menschen, gefolgt von schweren oder lebensbedrohlichen Erkrankungen und dem Verlust des Arbeitsplatzes.

Während manche Menschen an Schicksalsschlägen, Niederlagen und Krisen zu zerbrechen drohen, verkraften andere diese scheinbar, ohne Schaden zu nehmen – im Gegenteil, es scheint, dass sie, allen Widrigkeiten zum Trotz, sogar noch gestärkt daraus hervorgehen. Diese Eigenschaft, in der Lage zu sein, aus Steinen im Weg Stufen zum Erfolg zu bauen, bezeichnet man als „Resilienz".

Der Begriff selbst stammt ursprünglich aus der Werkstoffkunde und bezeichnet die Eigenschaft eines Materials, nach seiner Verformung unbeschadet in die ursprüngliche Form zurückzukehren.

Die Resilienzforschung, inzwischen ein eigener Zweig der Psychologie, geht im Wesentlichen auf Arbeiten von Emmy E. Werner, einer US-amerikanischen Entwicklungspsychologin, zurück. Sie untersuchte in einer Langzeitstudie die Entwicklung von 1955 auf der Hawaii-Insel Kauai geborenen Kindern, von denen ein Drittel unter ungünstigen familiären Bedingungen aufwuchs. Für Emmy Werner überraschend zeigte sich, dass sich ein Drittel dieser „High-Risc-Childs" entgegen aller Prognosen im Alter von 32 Jahren zu erfolgreichen, selbstsicheren und zuversichtlichen Erwachsenen entwickelt hatte.

Ähnliche Beobachtungen an Frauen, die die Massaker der Konzentrationslager überlebt hatten und von denen ebenfalls etwa ein Drittel dennoch in guter mentaler Verfassung war, führten den US-amerikanischen Soziologieprofessor Aaron Antonovsky in den Siebzigerjahren des vergangenen Jahrhunderts zu seinem Modell der Salutogenese.

Als Beispiel aus neuerer Zeit sind die Anschläge auf das World Trade Center am 11.09.2001 zu nennen. Zwar erlitten etwa 60 % der Bevölkerung Manhattans traumatischen Stress, aber nur 7 % davon entwickelten eine posttraumatische Belastungsstörung.

Bis heute sind die physiologischen und neurologischen Vorgänge, die der Resilienz, dem „Immunsystem der Seele", zugrunde liegen, noch nicht ausreichend bekannt, wohl aber Persönlichkeitsmerkmale und äußere Faktoren, die dazu beitragen können, Krisen unbeschadet zu überstehen.

Dazu gibt es eine „gute" und eine „weniger gute" Botschaft.

Die „gute" zunächst: Durch die Resilienzforschung konnte nachgewiesen werden, dass Resilienz zwar zu einem gewissen Teil genetisch vorgegeben ist, aber eine Aneignung der notwendigen Faktoren von jedem erreicht werden kann. Resilienz ist also quasi erlern- und trainierbar, und dies unabhängig vom Alter.

Die „weniger gute": am effektivsten, aber auch am schwersten erfolgt dies durch Krisen selbst, indem nämlich Erfahrungen aus gelungen bewältigten Krisen übernommen werden. So gesehen sind Schicksalsschläge, so vernichtend wie sie oft auch zu sein scheinen, sinn- und wertvoll, weil sie Kräfte freisetzen, Ressourcen mobilisieren und längerfristig den Handlungsspielraum des Einzelnen erweitern und die Resilienz erhöhen. Max Frisch beschreibt dies in der Form:

> *„Krise kann ein produktiver Zustand sein. Man muss ihr nur den Beigeschmack der Katastrophe nehmen."*

Was aber, wenn Kollegen, Freunde oder Bekannte über Nacht von einem Schicksalsschlag getroffen werden? Was, wenn gar die eigene Familie betroffen ist?

Welche Schritte notwendig sind, um gestärkt aus Krisen hervorzugehen, und wie man unterstützend mitwirken kann, wird am folgenden sechsstufigen „STEINE-Modell" erläutert.

Das „STEINE-Modell" zur erfolgreichen Krisenbewältigung

Das Akronym „STEINE" steht für sechs Stufen, die einen typischen, jedoch positiv endenden Krisenverlauf kennzeichnen. Er ist unten abgebildet (Abbildung 1).

S	SITUATION und SICHTWEISE
T	TRAUER und TÄUSCHUNG
E	ENT-TÄUSCHUNG und ENTSCHEIDUNG
I	INITIATIVE und IDEEN
N	NEUORIENTIERUNG UND NEUBEGINN
E	ERFOLG und ERKENNTNIS

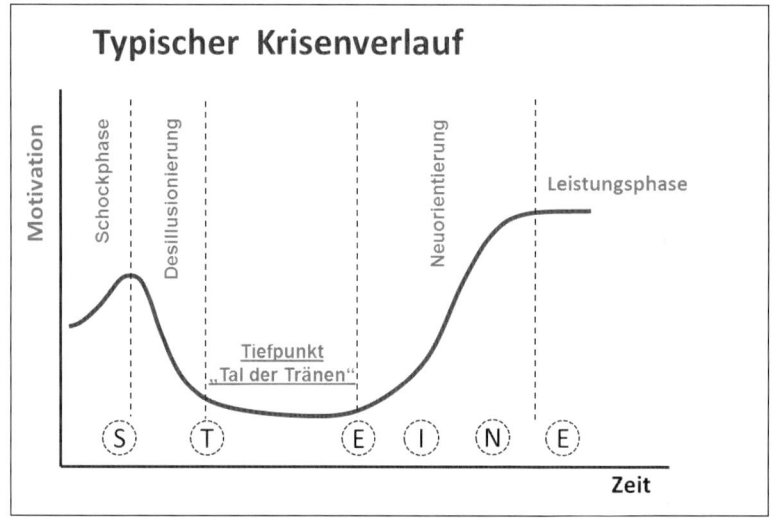

1. Stufe „SITUATION und SICHTWEISE"

Persönliche Krisen kommen meist unvorbereitet und mit voller Wucht. Bildlich veranschaulicht wird dies durch den Begriff „Schicksalsschlag". Aber selbst wenn, wie im Berufsleben häufig, vorab schon geahnt werden kann, dass sich etwas „zusammenbraut", werden in der Regel die Gedanken daran verdrängt, dass man selbst und damit auch die eigene Existenz betroffen sein könnte. Nicht-wahrhaben-Wollen und Verdrängen beruhen auf eingefahrenen und über Jahre bewährten Denk- und Verhaltensmustern, die psychologisch gesehen extrem stabil sind.

Tritt die Krise ein, egal ob erahnt oder wie im Fall von Unglücken und Katastrophen unvermittelt, stellt dies eine extreme Stresssituation dar. Darauf reagiert der Körper so, wie von Natur aus als lebenserhaltende Maßnahme vorgesehen. Das vegetative, nicht willentlich steuerbare Nervensystem spult quasi sein Notprogramm ab, indem es sämtliche nicht unmittelbar lebenswichtigen Funktionen verringert und die Konzentration ganz auf die Bereitstellung der für Kampf oder Flucht erforderlichen Faktoren legt.

Auf der kognitiven Ebene führt dies zu eingeschränkter Wahrnehmung, konvergentem, punktuellem Denken, Konzentrationsmangel, Gedankenkreisen, Denkblockaden und Blackout. Auf emotionaler Ebene zeigt sich dies in extremer Unsicherheit, hochgradiger Nervosität, Ärger und Wut, welche nach einiger Zeit meist in Angst, Trauer und völlige Verunsicherung und Verzweiflung umschlagen.

Klare Gedanken zu fassen, die vermeintliche Gefahr realistisch einzuschätzen und geeignete Bewältigungsstrategien zu finden und zu nutzen sind so nicht mehr möglich. Es entwickelt sich eine Eigendynamik, die je nach persönlicher Sichtweise selbst aus beherrschbaren Krisen scheinbar existenzbedrohende Katastrophen werden lässt.

Auch resiliente Menschen, die „Stehaufmenschen", sind von solch negativen Empfindungen nicht frei. Sie verarbeiten jedoch ihre negativen Gefühle schneller und sind aufgrund ihrer Erfahrung eher in der Lage, von der Problemfixierung zur Lösungsorientierung zu gelangen. Dies gelingt ihnen durch eine realistische Bewertung der krisenhaften Situation. Nach Albert Ellis besteht nämlich zwischen dem Auslöser und der ihr folgenden Reaktion kein unmittelbarer Zusammenhang, sondern diese erfordert zunächst eine entsprechende persönliche Bewertung (s. Abbildung „ABC-Modell der Gefühle")

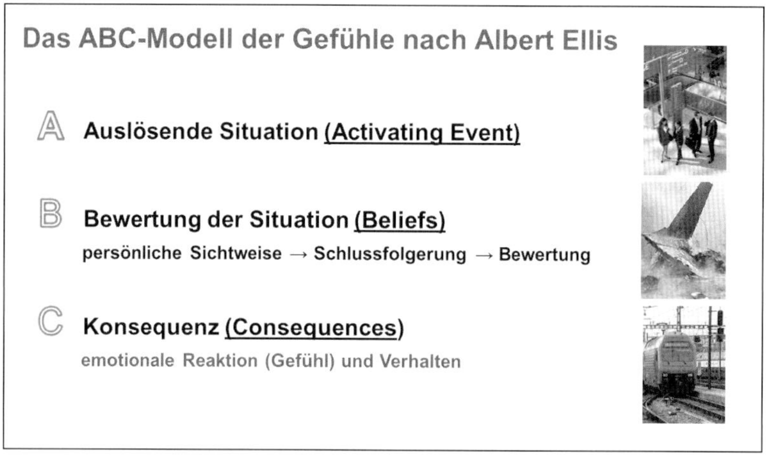

Das ABC-Modell der Gefühle nach Albert Ellis

Ⓐ **Auslösende Situation (Activating Event)**

Ⓑ **Bewertung der Situation (Beliefs)**
persönliche Sichtweise → Schlussfolgerung → Bewertung

Ⓒ **Konsequenz (Consequences)**
emotionale Reaktion (Gefühl) und Verhalten

Betroffene neigen häufig dazu, als Schutzfunktion die Schuld auf andere abzuschieben. Sie versuchen dadurch, den erlebten Kontrollverlust zu kompensieren, und degradieren sich damit selbst zum Opfer. Eine realistische Bewertung ist so jedoch nicht möglich. Resiliente Menschen hingegen haben gelernt, auch in schwierigen Situationen eigenverantwortlich ihre Möglichkeiten auszuloten und die Dinge aus einer Distanz zu betrachten, um zu einer realistischen Einschätzung und Bewertung zu gelangen.

Für Außenstehende, besonders für den Betroffenen nahestehende Personen, ist es oft schwer, jene in all ihrem Leid erleben zu müssen. Gut gemeinte Ratschläge erweisen sich oft als „Rat-Schläge". Vorschnelle „Empfehlungen" und „Trostpflaster" sind hier jedoch genauso wenig angebracht wie ein zu großes Mitgefühl. Empathisches, einfühlsames Tragen und vor allem Ertragen sind in dieser Phase die geeigneten Mittel, um die Betroffenen effektiv zu unterstützen.

2. Stufe „TRAUER und TÄUSCHUNG"

Krisen erzwingen immer Veränderungen. Eine Krise ist ganz wesentlich dadurch gekennzeichnet, dass nicht mehr zur seitherigen Tagesordnung übergegangen werden kann. Nachdem bei den Betroffenen der erste Schock überwunden ist und die Einsicht die Oberhand gewinnt, dass eine Rückkehr zum Gewohnten nicht möglich ist, man also einer Täuschung unterlegen ist, macht sich in aller Regel eine tiefe Traurigkeit und Hilflosigkeit, teils sogar eine massive Depressivität breit. Selbstvorwürfe und Selbstmitleid sind an der Tagesordnung. Hier die Balance zu finden zwischen sinnvoller und notwendiger Trauerarbeit und der Suche nach neuen Wegen, neuen Lösungsmöglichkeiten, ist schwer. Am besten gelingt dies in einem stabilen sozialen Umfeld. Aber auch hier sind Nahestehende häufig überfordert und es ist angebracht zu überlegen, inwieweit professionelle Hilfe, z.B. durch externe Coachs, unterstützend eingesetzt werden sollte.

Diese Phase zu durchstehen ist entscheidend für die weitere Entwicklung. Zwar ist nicht jede Krise lösbar und es gibt schwere Wege und Fragen, auf die es keine Antwort gibt, aber in der Regel gelingt hier der notwendige Wechsel der Sichtweise von „weg von" zu „hin zu" durch eine Konzentration auf die vorhandenen, jedoch verborgenen Ressourcen. Eine bewährte Möglichkeit, diese aufzudecken, ist die Spurensuche anhand eines Lebenspanoramas. Dazu wird der gesamte seitherige Lebenslauf in ein Achsenkreuz auf einem großen Bogen Papier skizziert, mit allen Höhen und Tiefen. So zeigt sich schnell aus einer distanzierten Sichtweise, dass diese Krise mit Sicherheit nicht die erste ist, und es ergeben sich aus der Sicht auf die Vergangenheit Rückschlüsse für eine mögliche Krisenbewältigung. Idealerweise stellen sich dadurch in gewissem Maße Selbstvertrauen und Zuversicht wieder ein und der zur Bewältigung notwendige Wechsel von der Opferrolle hin zur aktiven Beteiligung, zum Gestalten, wird angestoßen. Unterstützend lässt sich hier mit einem Blick in die Zukunft arbeiten in Form von Wunschbildern und Visionen, aus denen neue Ziele abgeleitet werden können.

Krisenbegleiter benötigen in dieser Phase eine besondere Sensibilität für die Situation. Erfolgt die Einladung zum Perspektivenwechsel zu früh, fühlt der Betroffene seine Situation nicht ausreichend gewürdigt und fällt unweigerlich ins „Jammertal" zurück. Ein erneuter Anlauf wird schwieriger und dauert länger. Erfolgt der Perspektivenwechsel zu spät, verbleibt der Betroffene im „Jammertal", und um die Resignation dennoch zu überwinden, ist dann vor allem eines nötig: Geduld, Geduld und nochmals Geduld.

Hilfreich in dieser Situation ist die Beobachtung der Körpersprache. Auch wenn wir schweigen, spricht unser Körper. Da die Körpersprache im Gegensatz zum gesprochenen Wort im Normalfall unwillkürlich erfolgt, zeigt sie als sensibles Instrument unsere Gefühle deutlich. Gelingt es dabei sogar, aus dem Gegenüber auch ein nur zaghaftes Lächeln „hervorzuzaubern", ist klar ersichtlich, dass die nächste Stufe in greifbare Nähe gerückt ist.

3. Stufe „ENT-TÄUSCHUNG und ENTSCHEIDUNG"

Der Entschluss, die veränderten Bedingungen ab sofort als gegeben hinzunehmen, sich vom Althergebrachten, Gewohnten zu verabschieden und einen Neuanfang anzustreben, ist die wichtigste Entscheidung auf dem Weg aus der Krise. Niemand legt hier einfach einen Schalter um. Dies ist vielmehr ein Lernprozess, der Zeit erfordert. Phasen der Trauer und des Rückfalls sind vorprogrammiert und wechseln sich mit Phasen der Hoffnung und des Wunsches nach Veränderung ab. Notwendig ist die Bereitschaft, bisherige Werte, Sichtweisen und Verhalten infrage zu stellen und unter Umständen sogar, sich eigene Fehler einzugestehen. Solche Erkenntnisse sind schmerzhaft, aber sinnvoll und tragen letztendlich zum Resilienzgewinn bei. Unterstützend kann hier immer wieder der Blick auf Gestaltbares, auf angepasste Ziele gelegt werden. Lebendig ausgemalte und mit allen Sinnen erfahrbare Ziele sind ein starker Antrieb in Richtung Zukunft. Diese Ziele können und sollten jedoch ganz einfacher Natur sein. Ziele, wie sie normalerweise angestrebt werden, würden zu diesem Zeitpunkt nur überfordern. Hier ist die Taktik der kleinen Schritte angesagt.

Beispiele von anderen, die ähnliche Schicksale durchlebten, können in dieser Phase, behutsam eingesetzt, helfen, ihren Teil zur Festigung der Entscheidung beizutragen: *"Ich bin nicht allein, anderen erging es ähnlich, und auch ich werde diese Zeit überwinden".*
Wichtig ist die Verankerung dieses Entschlusses, z.B. mithilfe einer dem persönlichen Bedürfnis entsprechenden Belohnung oder auch in Form einer Visualisierung. Diese kann auf einfache Art und Weise durch geeignete Postkarten (s. Beispiel unten) erfolgen, auf deren Rückseite als „Anker" in kurzen Stichworten handschriftlich eine Selbstverpflichtung festgehalten wird.

Wichtig deshalb, weil hierdurch ein ganz wesentlicher Faktor zur Krisenbewältigung wieder aktiviert wird: die Rückkehr zur Handlungskontrolle und damit verbunden auch die Rückkehr des Selbst-Bewusstseins. Genau genommen verkörpert dies den Wendepunkt in Richtung einer positiven, künftigen Entwicklung, den Abschluss mit dem Vergangenen in Form der Ent-Täuschung und den Start unter einer neuen Perspektive.

4. Stufe „INITIATIVE und IDEEN"

Diese Phase dient der Vorbereitung auf den Neubeginn in Form einer ziel- und zukunftsgerichteten Selbstreflexion mit Beschaffung notwendiger Informationen und Sammlung von Ideen. Sie ist idealerweise bereits geprägt von einem optimistischen Realismus und dient dazu, stimmige, zur eigenen Person passende und motivierende Lösungsansätze zu finden.

Fragen, die hierzu hilfreich sind, sind unter anderem:

- Wo will ich in drei, wo in fünf Jahren sein?
- Was motiviert, was demotiviert mich?
- Was macht mir Spaß, was ist nervtötend?
- An welche Erfolge kann ich anknüpfen?
- Was kann ich aus den Misserfolgen lernen?
- Wo habe ich Stärken, wo Schwächen?
- Was tut mir gut, was schadet mir?
- Was will ich beibehalten, was will ich ändern?
- Was sind meine Energiespender, was meine Energieräuber?
- Wo liegen meine Grenzen, wo möchte ich meinen Spielraum erweitern?
- Wer kann mich unterstützen, mit wem möchte ich netzwerken? ...

Die Initiative muss hier vom Betroffenen selbst ausgehen. Unterstützung besteht, falls notwendig und gewünscht, nur noch in Form der Hilfe zur Selbsthilfe.

Im Idealfall liegen am Ende dieser Phase zwei bis drei mögliche Konzepte für einen Neubeginn vor.

5. Stufe „NEUORIENTIERUNG und NEUBEGINN"

Nachdem die prinzipiellen Möglichkeiten klar sind, ist das passende Konzept auszuwählen und die Umsetzung zu planen. Vorrangig für die Auswahl sind dabei zunächst natürlich die eigenen Bedürfnisse, aber es ist ebenso zu berücksichtigen, ob und wie das gewählte Konzept in den Kontext von Umfeld und Umwelt passt. Andernfalls könnte ein frühes „Aus" bereits vorprogrammiert sein.

Wer das unkoordinierte Auf und Ab in der Krise durchlebt hat, empfindet eine klare Orientierung oft als hilfreich. Daher sollte in jedem Fall zumindest ein grober Vorgehensplan mit inhaltlichen und zeitlichen Fixpunkten erstellt werden, auch wenn aufgrund fehlender Erfahrung noch nicht abzusehen ist, ob dieser so, wie geplant, umgesetzt werden kann. Dabei ist bewusst nochmals auf die Taktik der kleinen Schritte zu achten, denn zu große Schritte auf unbekanntem Terrain können leicht Unsicherheit verursachen.

Der Neubeginn wird wieder bewusst als „Anker" gestaltet. Damit ist klar: Die Krise ist überwunden, es geht nur noch nach vorn. Dies heißt jedoch nicht, dass ab sofort von einem stromlinienförmigen Verlauf ausgegangen werden kann. Im Gegenteil: Jeder Neuanfang erfordert Lernen und dieses erfolgt in der Regel am besten durch eigene Erfahrungen und die dabei durchgeführten Korrekturen.

6. Stufe „ERFOLG und ERKENNTNIS"

Im Laufe der Zeit wird der neue Weg, werden die neuen Denk- und Verhaltensmuster Gewohnheit. Sie sind inzwischen verinnerlicht und ins tägliche Leben integriert. Jetzt bietet sich die Gelegenheit eines Rückblicks an, mit dem Ziel, aus dem Erfahrungsschatz zu lernen und sich künftig bewusst achtsam und resilient auf die kommenden Anforderungen einzustellen.

7. ZUSAMMENFASSUNG und FAZIT

Um aus Steinen im Weg Stufen zum Erfolg zu bauen, sind soziale Unterstützung, Krisentechniken und emotionales Aufarbeiten notwendig. Im Endeffekt wird dadurch klarer, was im Leben wirklich wichtig ist und wofür man steht. Und so ungelegen diese Unterbrechung des Lebenswegs auch sein mag, sie dient letztendlich doch nur der eigenen, persönlichen Weiterentwicklung. Schon Abraham Lincoln wusste:

„If you always do, what you always did, you will always get, what you always got."

Diplom-Pädagoge
Frank Caspers
Umsetzercoach

Bereits in seiner Jugend als international erfolgreicher Leistungssportler hat Frank Caspers die tragenden Säulen effektiven Selbstmanagements verinnerlicht: Klarheit, Fokussierung und Konsequenz. Dieses breite Erfahrungsspektrum, sein fundiertes Wissen und seine analytischen Fähigkeiten setzt der Diplom-Pädagoge nun schon seit über einem Jahrzehnt gewinnbringend für seine Klienten ein.

Frank Caspers steht für die Überzeugung, dass jeder Mensch - solange er noch Puls hat - in der Lage ist, hinderliche Verhaltensweisen durch zielführende zu ersetzen. Wenn Kopf und Bauch an einem Strang ziehen, ist nahezu jedes Vorhaben umsetzbar. Frank Caspers weiß, wie konsequentes Handeln Spaß machen kann, und hilft seinen Klienten dabei, ihre Ziele durch die richtigen Handlungen in messbare Ergebnisse zu verwandeln. Mit leidenschaftlichem Engagement unterstützt er Menschen, die „mehr aus ihrem Leben machen wollen", in Coachings, Trainings und durch Impulsvorträge.

www.frankcaspers.de

12 Praxistipps für mehr Umsetzungspower

Erfolg haben wir immer dann, wenn wir mit den verfügbaren Ressourcen die bestmöglichen Ergebnisse erzielen. Um dieser Aussage gerecht zu werden, brauchen wir dreierlei Dinge: Klarheit über unsere Werte und Ziele, Fokussierung auf die wesentlichen Bereiche und Konsequenz. Besonders im Bereich der Konsequenz, also der Umsetzung unserer Wünsche in nachweisbare Ergebnisse, ist der größte Unterschied zwischen erfolgreichen und weniger erfolgreichen Menschen zu finden. Oft halten uns unsere Bequemlichkeit, mangelnde Risikobereitschaft, die Angst vor Fehlern, das falsche Umfeld und hinderliche „Ich-kann-das-nicht"-Denkmuster von der konsequenten Verfolgung unserer Ziele ab.

Dabei lässt sich Ihre Umsetzungspower mit einfachen Hilfsmitteln signifikant verbessern. Die wichtigsten Bausteine der Umsetzungskompetenz sind die Fähigkeit zur Fokussierung unserer Aufmerksamkeit, die Kontrolle unserer Emotionen, zielorientierte Selbstdisziplin, Lösungsorientierung und ein gesundes Selbstwertgefühl. Auf den folgenden Seiten finden Sie 12 Tipps aus der Praxis für die Praxis, die genau dort ansetzen und Ihnen zusätzlich zu einem besseren Energiemanagement, zu einer optimistischeren Grundeinstellung und zur Einnahme einer längerfristigen Lebensperspektive verhelfen. Wenn Sie also ernsthaft damit beginnen, diese Praxistipps zu nutzen, gebe ich Ihnen ein Versprechen:

> *„Es wird nicht einfach sein, aber es wird es wert sein."* (Steve Pavlina)

Praxistipp Nr. 1: Der 10-Minuten-Appetizer

Blocken Sie sich täglich 30 Minuten in Ihrem Kalender für die 10-minütige Bearbeitung einer unangenehmen, aber notwendigen Tätigkeit - die Sie am liebsten noch ganz lange weiter aufschieben möchten. Haben Sie erst einmal damit begonnen, werden Sie nach 10 Minuten feststellen, dass die Aufgabe schon einen Teil ihres Schreckens verloren hat, und Sie werden die verbleibenden 20 Minuten auch noch dafür nutzen, diese zum Ende zu bringen. Selbst wenn Sie doch einmal nur für 10 Minuten daran arbeiten sollten, kommen Sie der vollständigen Erledigung der Aufgabe doch von Mal zu Mal näher und die Anfangshürde wird immer niedriger - denn der Appetit kommt beim Essen!

Wenn Sie das nächste Mal Ihre Reisekostenabrechnung auf unbestimmte Zeit verschieben wollen, dann nutzen Sie den 10-Minuten-Appetizer und Sie werden Ihre Rückstände schon in wenigen Tagen aufgearbeitet haben und können ein fettes Häkchen in der Rubrik „Endlich vom Tisch" machen!

Praxistipp Nr. 2: Nächste Handlungsschritte aufschreiben

Mitten in der Arbeit an einem sehr komplexen Projekt fällt Ihnen plötzlich wieder ein, dass Sie etwas ganz Bestimmtes noch dringend erledigen müssen. Je häufiger Sie auf diese Weise aus der Konzentration gerissen werden, umso länger brauchen Sie jedoch, um Ihre ursprüngliche Aufgabe fehlerfrei abzuschließen. In der Psychologie wird dieser Effekt der „Zeigarnik-Effekt" genannt, da dieser erstmals von einer gleichnamigen russischen Psychologin entdeckt wurde. Unser Gehirn erinnert uns immer wieder an unerledigte Aufgaben, und zwar genau so lange, bis wir diese erledigen oder einen verbindlichen Plan zur Erledigung der Projekte erstellen.[1]

Wenn Sie das nächste Mal durch das anstehende Meeting mit Ihrer Abteilung bei der Arbeit immer in der Konzentration gestört werden, dann notieren Sie sich alle konkreten Schritte, die zur Erledigung der Aufgabe nötig sind. Notieren Sie bitte nicht nur „Meeting organisieren", sondern schreiben Sie jeden einzelnen Schritt auf, der nötig ist, um das gesamte Projekt „Meeting" abzuschließen. Das kann dann beispielsweise so aussehen:

- Raum in der 5. Etage von 14:00 - 16:00 Uhr reservieren
- Medien bei Herrn Meier (Durchwahl 12346) buchen
- Agenda erstellen ...

Diese Methode hilft im Übrigen auch sehr gut bei Problemen mit dem Einschlafen. Wenn Ihnen vor dem Einschlafen etwas einfällt, was Sie weder sofort erledigen können noch sofort notieren, hindert Ihr Gehirn Sie daran, in den Schlaf zu finden. Legen Sie sich also einfach einen Stift und einen Block neben das Bett und notieren Sie jeden einzelnen Schritt, der nötig ist, um die Idee umzusetzen - und Sie werden sofort einschlafen!

Praxistipp Nr. 3: Die Treppe, die zum Erfolg führt

Verhaltensforschern zufolge trifft ein erwachsener Mensch ca. 20.000 Entscheidungen pro Tag. Im Angesicht dieser hohen Anzahl ist es nicht verwunderlich, dass wir auch einige Entscheidungen treffen, die uns von unseren Zielen entfernen. Als wirksame Gegenstrategien eignen sich hierfür Umsetzungs-Vorsätze, also Grundsatzentscheidungen für den Umgang mit Hindernissen und Wendepunkten.

facher, als Sie jetzt denken. Einer der wichtigsten Schritte bei der Reduktion des Körpergewichts ist es, ein Tagebuch zu führen, in das man jeden Tag um dieselbe Uhrzeit mit derselben Kleidung etc. sein aktuelles Körpergewicht einträgt. Mithilfe des systematischen und verbindlichen Buchführens kann man seine eigene Erfolgsgeschichte dokumentieren oder sich mit seinem Misserfolg konfrontieren - um dann wieder die nötige Energie aufzubringen, um sein Ziel noch zu erreichen. Nähern Sie sich Ihrem Ziel an, steigt Ihre Motivation weiterzumachen und interessanterweise auch die Disziplin, mit der Sie vorgehen, da Sie merken, dass Sie den richtigen Weg eingeschlagen haben.

Wenn Sie das nächste Mal Ihren Tagesablauf effektiver gestalten wollen, dann führen Sie genau Buch darüber. Nur durch den ständigen Soll-Ist-Abgleich gelingt es Ihnen, die Veränderung anzustoßen und auch permanent beizubehalten. Machen Sie das Prinzip Schriftlichkeit zu Ihrem ständigen Begleiter - und Sie werden aufs Neue Gefallen finden an der Aussage „Wer schreibt, der bleibt".

Praxistipp Nr. 8: Futter für die Augen

Wir Menschen sind Augentiere. Unsere aufnahmestärksten Organe sind unsere Augen. Sie bestimmen den größten Teil unserer gesamten Wahrnehmung. Was liegt also näher, als eine visuelle Strategie zu nutzen, um die persönliche Handlungsmotivation dauerhaft zu erhöhen und sich dadurch unbeliebte Tätigkeiten attraktiver zu gestalten? Ein solches Instrument ist das Motivationsplakat. Sie visualisieren auf einem großen Blatt Papier all die positiven Konsequenzen, die aus der dauerhaften Durchführung der unliebsamen Handlung entstehen. Auf dieses Plakat schreiben Sie alle Begriffe, die Ihnen spontan dazu einfallen. Kleben Sie Bilder und Fotos von den Zielen auf, die Sie erreichen werden, z. B. Ihr Traumauto durch die Gehaltserhöhung, Logos Ihrer Wunschkunden durch Akquise, die perfekte Strandfigur durch regelmäßiges Training. Dieses Plakat können Sie fortlaufend ergänzen, da Ihnen während der Umsetzung Ihres Vorhabens immer wieder weitere positive Aspekte ein- und auffallen werden. Dadurch wird die vormals unbeliebte Tätigkeit mit immer positiveren Emotionen besetzt. Wichtig ist, dass Sie immer nur ein Plakat für eine Aufgabe anfertigen und nicht versuchen, verschiedene Projekte in einem einzigen Plakat darzustellen.

Wenn Sie das nächste Mal mit einer verbindlichen Tages- oder Wochenplanung beginnen wollen und sich bei deren Umsetzung schwertun, dann erstellen Sie einfach ein Motivationsplakat „Tagesplanung". Sie werden staunen, wie viele positive Elemente Sie in kürzester Zeit finden. Hängen Sie Ihr Plakat so auf, dass Sie es regelmäßig sehen, um sich dadurch immer wieder an Ihr Vorhaben zu erinnern und auch leicht Ergänzungen vornehmen zu können.

Praxistipp Nr. 9: Das Muster sprengen

Ein Schlüssel zur konsequenteren Umsetzung unserer Vorhaben liegt in den Verhaltensmustern, die wir über Jahre hinweg immer stärker gefestigt haben. Je länger wir unseren Tag auf eine bestimmte Art und Weise gestalten, umso stärker wird dieses Vorgehen als Gewohnheit zu einem Ablauf, der wie ein Ritual stets den gleichen Gesetzmäßigkeiten folgt. Um unser Verhalten oder einzelne Teilaspekte davon gezielt verändern zu können, müssen wir die grundlegenden Muster finden, die den größten Einfluss auf den weiteren Tagesverlauf haben, und diese gezielt durchbrechen.

Wenn Sie das nächste Mal Ihren Arbeitstag effektiver gestalten wollen, dann ändern Sie Ihren Start in den Arbeitstag. Sie holen momentan direkt nach dem PC-Systemstart Ihre E-Mails ab? Das ist aller Voraussicht nach Ihr Startmuster, es versetzt Sie in den Modus „Arbeit". Wenn Sie diesen Modus verändern wollen, holen Sie Ihre E-Mails einfach zu einem späteren Zeitpunkt ab und der ganze Tag wird einen anderen, für Sie besser steuerbaren Verlauf nehmen. Bereits nach 4-6 Wochen haben Sie ein neues Muster geschaffen, das Ihnen dabei helfen wird, Ihre Ziele dauerhaft zu verfolgen.

Praxistipp Nr. 10: Das Opfer erhöhen

Stellen Sie sich folgende Situation vor: Sie stehen - nach erfolgreicher Benutzung - von der Toilette auf und dabei fällt Ihnen ein 5-€-Schein aus der Tasche direkt in die Schüssel. Holen Sie den Schein jetzt wieder da raus? Wahrscheinlich nicht, denn das Opfer in Höhe von 5 € ist im Angesicht der Herausforderung noch gering. Was können Sie tun, wenn Sie den Schein trotzdem wiederhaben wollen? Ganz einfach - setzen Sie den Preis bis zu dem Punkt hoch, wo Ihnen das Opfer richtig wehtun würde. Wenn Sie einen 100-€-Schein hinterherwerfen, werden Sie staunen, wie wenig von dem anfänglichen Ekel noch übrig geblieben ist. Oder würden Sie 105 € einfach so runterspülen?[4]

Wenn Sie das nächste Mal im Beruf mit einer unangenehmen Aufgabe konfrontiert werden, dann erhöhen Sie auch da das Opfer. Solange Ihnen durch die Nichtbearbeitung einer Aufgabe keine spürbaren Nachteile entstehen, schieben Sie die Aufgabe immer weiter vor sich her. Wenn Sie diese Aufgabe aber erledigen wollen und es nicht schaffen, über den eigenen

Schatten zu springen, dann müssen Sie das Opfer erhöhen. Suchen Sie sich einen Kollegen und schließen eine Wette darüber ab. Der Einsatz muss kein Geld sein, es sollte vielmehr eine Tätigkeit sein, die Ihnen äußerst unangenehm ist – viel unangenehmer als die ursprüngliche Aufgabe. Sie werden sich wundern, wie schnell Sie anfangen zu handeln. Wenn Sie das nächste Mal eine Rede auf der Weihnachtsfeier halten sollen und darauf überhaupt keine Lust verspüren, dann wetten Sie doch einfach mit Ihren Kollegen. Falls Sie nicht den Weg zum Rednerpult finden, erledigen Sie ganze zwei Monate lang die Ablage für Ihre Kollegen mit. Ich würde lieber reden, als Ablage machen – und Sie?

Praxistipp Nr. 11: Kröten zum Frühstück

Dieses eine Projekt beschäftigt Sie seit gestern Abend ununterbrochen. Es ist wichtig, aber auch äußerst unangenehm für Sie – und Sie müssen es heute noch vom Tisch bekommen. Je mehr Arbeitszeit verstreicht, umso beängstigender wird die Aufgabe für Sie. Der Ausweg ist so einfach wie genial: Schlucken Sie die Kröte als Erstes! Die Idee stammt von Brian Tracy[5] und besticht durch ihre praktische Wirksamkeit. Erledigen Sie die wichtigen, aber unangenehmen Aufgaben als Erstes – danach kann der Tag nur noch besser werden. Wenn Sie jeden Morgen einen lebendigen Frosch essen, wird Ihr Tag garantiert unmittelbar nach dem Frühstück spürbar besser.

Wenn Sie das nächste Mal einen wichtigen Kunden anrufen müssen, der zu Recht verärgert ist, dann greifen Sie (gut vorbereitet) als Erstes zum Hörer und schlucken Sie diese Kröte. Ihre Motivation steigt nach dem Telefonat sofort merklich an, da Sie sich selbst schon die größte Last des Tages von den Schultern genommen haben. Diese Methode funktioniert übrigens auch gut mit Zahnarztterminen ...

Praxistipp Nr. 12: Hühnern Schach beibringen

Der Neurologe und Psychiater Prof. Dr. Borwin Bandelow hat zum Belohnungszentrum unseres Gehirns folgenden Ausspruch geprägt: „Das überlisten zu wollen, ist, als würden Sie versuchen, einem Huhn Schach beizubringen." Und genau darum geht es für Sie: Überlisten Sie das Belohnungszentrum Ihres Gehirns – nach meiner Überzeugung ist dies leichter möglich, als einem Huhn Schach beizubringen. Unser Belohnungszentrum arbeitet sehr einfach, es sucht immer nach den angenehmsten Emotionen im Hier und Jetzt. Sie kennen Ihr Belohnungszentrum schon lange – und nennen es „innerer Schweinehund". Fakt ist, dass wir diesen Mechanismus zwar alle kennen, jedoch immer wieder darauf reinfallen. Wir wollen abends noch eine Runde laufen gehen – doch auf der Couch finden wir die Vorstellung deutlich angenehmer, einfach sitzen zu bleiben und noch etwas abzuschalten, am besten mit einem Glas Wein oder Bier und einer Tüte Chips. Denn genau das findet unser Gehirn im Hier und Jetzt angenehmer als die Vorstellung, aufzustehen, sich umzuziehen und in die Kälte oder Hitze (wir finden immer etwas, das uns am Wetter stört) rauszugehen und uns zu verausgaben. Der einfachste Weg, aus dieser Falle zu entkommen, ist, die Perspektive zu verändern und statt aus dem Hier und Jetzt die Handlung aus einer mittel- bis langfristigen Perspektive zu betrachten. Bewerten Sie die Handlung mit der Beantwortung der folgenden Fragestellung: In welche Richtung wird sich mein Leben entwickeln, wenn ich mich die nächsten 5-10 Jahre genauso verhalte wie jetzt? Sie werden feststellen, dass Sie Ihr Belohnungszentrum jetzt nicht mehr von Ihren Zielen abhält, sondern bei der Erreichung unterstützt. Wenn Sie das nächste Mal Ihre telefonische Kaltakquise wieder aus Angst vor Ablehnung vor sich herschieben und Ihr Belohnungszentrum Ihnen zuflüstert: „Mach lieber etwas anderes, da kriegst du nicht andauernd ein Nein zu hören" - dann fragen Sie sich einfach: Wenn ich die Akquise die nächsten acht Monate vor mir herschiebe, wie wird das nächste Zielerreichungsgespräch mit meinem Vorgesetzten aussehen? Sie wissen genau, welche Fragen Sie sich stellen müssen, um in die Handlung zu kommen.

Fazit:

Sie wissen jetzt, wie 12 bewährte und äußerst effektive Methoden zur Steigerung Ihrer Umsetzungspower funktionieren - einsetzen müssen Sie diese jedoch ganz allein und in Eigenverantwortung. Dabei wünsche ich Ihnen viel Freude und noch mehr Erfolg. Das Einzige, was zwischen Ihnen und Ihren Zielen steht, sind Sie selbst - und all die Dinge, die Sie nicht bereit sind dafür zu tun! In diesem Sinne: Frohes Schaffen!

Literaturverzeichnis:

- *Baumeister, Roy; Tierney, John* (2012): Die Macht der Disziplin. Wie wir unseren Willen trainieren können. Campus Verlag; Frankfurt am Main
- *Faude Koivisto, Tanya; Gollwitzer, Peter in Birgmeier, Bernd* (Hrsg.) (2009): Coachingwissen - 2., aktualisierte und erweiterte Auflage VS, Verlag für Sozialwissenschaften; Wiesbaden
- *Vaden, Rory* (2012): Take the stairs. 7 steps to achieving true success. Perigee Books, New York
- *Tracy, Brian* (2012): Eat that frog. 7. Auflage, GABAL Verlag, Offenbach

Quellenverzeichnis:

[1] Vgl. Baumeister & Tierney 2012 (S. 96 ff.)
[2] Vgl. Birgmeier, Bernd (Hrsg.) 2009 (S. 210 ff.)
[3] Vgl. http://edition.cnn.com/2012/10/28/opinion/cuddy-power-posing/index.html
[4] Vgl. Vaden 2012 (S. 51 f.)
[5] Vgl. Tracy 2012 (S. 15)

Oliver Döring
Diplom-Betriebswirt (BA)
Bachelor of Arts

Oliver Döring ist seit 2005 freiberuflicher Trainer und Dozent, seit 2010 arbeitet er auch als Coach und Moderator.

Seine Kernkompetenzen liegen im Bereich Marketing und Vertrieb, insbesondere in Bezug auf Kommunikations- und Präsentationstechniken. Regelmäßige Lehraufträge erhält er darüber hinaus auch in Rhetorik und Moderation.

Des Weiteren liegt ein Schwerpunkt seiner Arbeit im Bereich Train-the-Trainer. Seit 2012 führt er auch Methodik- und Didaktikschulungen für Hochschuldozenten durch.

Innerhalb seiner Lehrtätigkeiten hält er auch Seminare im Personalbereich und Vorlesungen in Mitarbeiterführung. Ebenso gefragt sind seine Veranstaltungen in Unternehmensethik. Diese Thematik begleitet ihn seit Beginn seiner Lehrtätigkeit.

Sowohl an privaten als auch an staatlichen Hochschulen ist er Mitglied im Prüfungsausschuss und betreut wissenschaftliche Arbeiten.

Als Ausbilder mit dem Schwerpunkt Kindernotfälle und als Prüfer im Auftrag des Gesundheitsamts Karlsruhe nimmt er darüber hinaus Prüfungen für Ausbilder im Erste-Hilfe-Bereich ab.

www.doering-trainings.de

Unternehmensethische Aspekte für Freelancer und Selbstständige

Einleitung

Der Artikel soll dem Leser auf der einen Seite Anstoß zu moralischen Fragestellungen geben und Interesse für das Thema „Unternehmensethik" in Hinblick auf aktuelle Diskussionen wecken. Auf der anderen Seite kann der Beitrag auch die Gelassenheit fördern, wenn man nach dem Lesen das Gefühl hat, dass man in der Vergangenheit meistens die richtigen Entscheidungen getroffen hat und nun die Sicherheit vermittelt bekommen hat, diese in Zukunft noch wohlüberlegter zu treffen.

Ethik – ein aktuelles Thema

Gerade in Zeiten von Bankenkrisen, Massenentlassungen, Steueraffären und Fleischskandalen fragt sich jeder Unternehmer: Ist die Entscheidung, die ich gerade zu treffen habe, auch moralisch vertretbar? Kann ich mir damit morgen selbst noch ins Gesicht schauen?

Nicht nur in Weltkonzernen, auch im Kleinen gibt es selbst für den Einzelunternehmer wichtige Gründe, seine Handlungsweisen hinsichtlich ethischer Grundsätze zu überdenken. Und in Anbetracht seiner Zukunftsfähigkeit sollten diese sorgfältig gewählt sein, insbesondere, wenn der Unternehmer sie offen kommuniziert.

Meine Aussagen, die ich treffe, sollte ich auch in fünf Jahren noch bedenkenlos wiederholen können, und Versprechungen, die ich beispielsweise auf meiner Website mache, muss ich einhalten können. Der Internetauftritt ist in der heutigen Zeit immer wichtiger und wird in der Zukunft nicht mehr wegzudenken sein. Dementsprechend sollte ich als Unternehmer nicht nur Präsenz zeigen, sondern diese auch so gestalten, dass dort meine Gesinnung, meine Moralvorstellungen und meine Haltung zu ethischen Fragestellungen ersichtlich sind. Die Konsumenten von heute verlangen immer häufiger nach Transparenz, Nachhaltigkeit und Produkten bzw. Dienstleistungen, die sich mit ihren eigenen Moralvorstellungen vereinen lassen.

Denn windige Anlagegeschäfte mit zweifelhaften Gewinnversprechungen, Beteiligungen an Unternehmen, die Mitarbeiter ausbeuten, auch allein nur die Zusammenarbeit mit Unternehmern, die Geschäftsmodelle vertreten, die nach wirtschaftlichen Gesetzmäßigkeiten nicht funktionieren, gehören zu den Wirtschaftszweigen, denen Kunden nicht mehr vertrauen (wollen). Durch die Transparenz in unserer vernetzten Gesellschaft sind glücklicherweise viele Verbraucher vorgewarnt und können sich schützen – auch vor unseriösen Vertretern des sogenannten „Empfehlungsmarketings".

Empfehlungsmarketing? Schön und gut, die gute alte Mundpropaganda ist, wie Sie als Freelancer bzw. Selbstständiger sicher wissen, immer noch die erfolgreichste Werbung. Aber das „Multi-Level-Marketing" oder auch „Schneeballsystem" genannt versteckt sich in der heutigen Zeit oftmals hinter dem Begriff des Empfehlungsmarketings. Wer seinen Vertrieb auf diesem System aufbaut, hat oft etwas zu verbergen oder ist verzweifelt auf der Suche nach neuen Kunden. Der Begriff lässt sich sehr weit auslegen und ist deshalb durchaus auch bei vielen vertrauenswürdigen Unternehmern beliebt, aber eben auch im oft fragwürdigen „Lifestyle-" oder „Wellness-Bereich" zu finden.

Widersprechen sich Ethik und Ökonomik (nicht)?

In der Theorie der Wirtschafts- bzw. Unternehmensethik wird oft die Frage aufgeworfen, ob sich Ökonomik und Ethik im Grundsatz widersprechen. Das Wort „Wirtschaftsethik" wird gar als Oxymoron betrachtet, als Widerspruch in sich infrage gestellt.

Bernd Noll, Volkswirt und Ethikbeauftragter an der Hochschule Pforzheim, ist bekannter Wirtschaftsethiker, der sich seit Jahren mit genau dieser Problematik auseinandersetzt. Er sagt, dass die Ökonomik eigentlich ursprünglich sogar Teil der Ethik war, sich später als eigene Disziplin herauskristallisierte und schlussendlich die Wirtschaftsethik wiederum als eigenständiger Bereich zu betrachten sei.[1]

Götz Werner, Gründer der dm-Drogeriemarktkette, sagt: *„Wenn es keine Menschen gäbe, gäbe es keine Wirtschaft. Folglich ist die Wirtschaft für den Menschen da und nicht umgekehrt."*[2]

Die Wirtschaftsethik ist in drei Teilen zu sehen und besteht aus der Ordnungs-, der Unternehmens- und der Individualethik.

Die übergeordnete **Ordnungsethik** finden wir auf der Ebene der einzelnen Staaten, daher wird sie auch als staatliche Rahmenordnung bezeichnet. Diese ist z. B. in China anders als in Deutschland, wo der Umweltschutz als wichtiger Teil der Ökonomie gesehen wird. Die Gesetzgebung berücksichtigt also hierzulande ökologische Aspekte wie Schadstoffemissionen der Industrie, denen Grenzen gesetzt werden und deren Einhaltung überwacht wird. Diese institutionelle Ebene soll aber auch Handlungen begünstigen, beispielsweise Subventionen ermöglichen, um ökonomische Vorteile der Wirtschaftsakteure zu schaffen. Hier werden Moralvorstellungen von der Gesellschaft geprägt.

Die mittlere Ebene, die **Unternehmensethik,** ist demnach sowohl Bindeglied zwischen der übergeordneten, eher politischen Ebene und der Unterebene, die sich aus den Individuen einer Gesellschaft zusammensetzt, als auch die Moralfibel für jedes Unternehmen als Wirtschaftsakteur mit eigener Moralfähigkeit. Hier stellt sich die Frage, ob auch die Verantwortbarkeit der Unternehmen im Sinne der Moral möglich ist, man das Unternehmen demnach als juristische Person betrachten kann. Verkauft ein Unternehmen beispielsweise Kleidung, die in Bangladesch unter Kinderarbeit hergestellt wird, so muss es sich in unserer Gesellschaft verantworten – ganz gleich, ob diese Beschäftigungsart dortzulande gang und gäbe ist und ob Wettbewerber die gleichen Fehler begehen.

Die Mikroebene **(Individualethik)** hingegen beschäftigt sich mit Wertvorstellungen und moralischen Entscheidungen jedes Einzelnen. Als Individuum agieren hier die Mitarbeiter von Unternehmungen, aber auch Konsumenten auf der einen oder Investoren auf der anderen Seite. Diese Ebene ist sozusagen breiter aufgestellt und viel differenzierter zu betrachten, da sie sich mit den individuellen Fragestellungen und Entscheidungen von Menschen beschäftigt, mit ihren eigenen Vorstellungen von Tugend, Gesinnung und Sitte.

Wenn dem Arbeitgeber beispielsweise ein Fehler unterläuft und abgerechnete Stunden doppelt bezahlt worden sind, dann unterliegt es der Entscheidung jedes Einzelnen, dies ehrlich offenzulegen oder eben auch nicht.

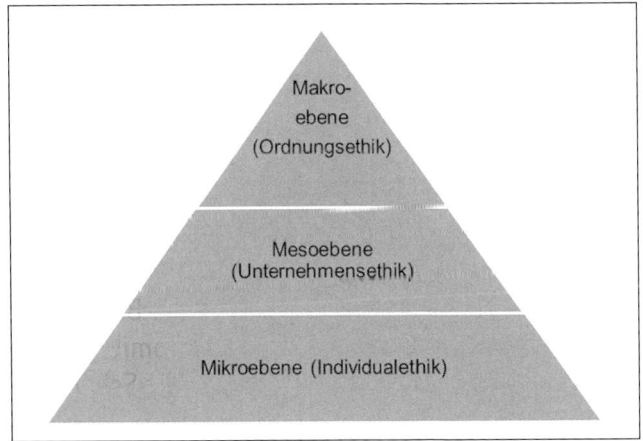

Eigene Darstellung in Anlehnung an Göbel, E. 2010

Welchen Stellenwert hat die Ethik im Unternehmen?

Die Ethik als Philosophie und somit auch die Unternehmensethik ist eine „praktische Lehre", also eine Wissenschaft, die Handlungsempfehlungen geben soll. In vielen Bereichen der Philosophie wird diskutiert und eben „philosophiert", womit der Unternehmer, der unter dem Druck des Marktes steht und seine Mitarbeiter bezahlen muss, verständlicherweise wenig anfangen kann.

Die Fragen sind allerdings sehr praxisorientiert: Kann ich es verantworten, dass die Daten, die Kunden mir anvertrauen, aus Bequemlichkeit auf einem ungesichertem Server liegen? Bin ich objektiv bei der Auswahl von Bewerbern, wenn ich in den Unterlagen zuerst auf das Passbild schaue und mich fremdländisch klingende Namen misstrauisch machen? Handle ich richtig, wenn ich im Hochsommer in meinem Ladenbüro bei laufender Klimaanlage die Eingangstür öffne, um einladender auf für mich wichtige Laufkundschaft zu wirken? Die Antworten muss jeder für sich selbst finden.

Die Moral ist übrigens immer die aktuell in einer Gesellschaft zu einer bestimmten Zeit herrschende Meinung. Wenn Sie es wie ich für unmoralisch hielten, dass im Kino früher auch bei Kinderfilmen geraucht werden und dass dort auch nachmittags Werbung für Zigaretten gemacht durfte, dann waren Sie ein moralischer Vorreiter. Was heute fast undenkbar scheint, war dazumal an der Tagesordnung und wurde oft nicht hinterfragt. Wenn Sie die Situation jetzt allerdings einmal aus Sicht des Kinobetreibers sehen, der mit sinkenden Besucherzahlen zu kämpfen hat, stellt sich der Sachverhalt wiederum anders dar.

Sie sehen, das mit der Moral ist so eine Sache. Wichtig als Unternehmer ist das Vorherrschen und Einhalten eines ganz persönlichen „Ethos". Durch sein eigenes Ethos verpflichtet sich ein Unternehmer selbst zu bestimmten Handlungsweisen, die er als gut und wünschenswert erkannt hat, z. B. Gesetzestreue, Ehrlich- und Mildtätigkeit.[4]

Die Ethik im Alltag als Freelancer und Selbstständiger

Doch bei welchen Entscheidungen spielen Moral und Ethik im wirklichen Tagesgeschäft überhaupt eine Rolle? Bei viel mehr, als Sie vielleicht jetzt denken.

Die üblichen Überlegungen aus der Sicht eines Freelancers, der moralisch korrekt und in Hinblick auf seine Tätigkeit auch nachhaltig handeln möchte, sind beispielsweise: Gehe ich korrekt mit den Menschen um, mit denen ich tagtäglich zu tun habe? Welchen Stromversorger wähle ich vor dem Hintergrund dessen Ressourcen-Mixes oder wie viel Kohlendioxid stößt mein aktueller und wird mein nächster Geschäftswagen ausstoßen? Wie verhält es sich mit den Bio-Kraftstoffen?

Diese Kriterien sind Selbstständigen geläufig oder bestens bekannt, wenn wir uns wie verantwortungsvolle Mitglieder unserer Gesellschaft verhalten wollen. Vor allem, da wir uns aktuell jeden Tag mit diesen Themen in den Medien konfrontiert sehen.

Na sicher, wir versuchen, nicht jedes Blatt auszudrucken (SAP untertitelt jede Mail mit „think before printing"), steigen um auf sogenannte „Eco-Printer", senden gebrauchte Druckerpatronen zum Auffüllen an den Hersteller zurück oder tauschen leere No-Name-Patronen im Shop um die Ecke gegen volle um.

Doch es geht noch weit darüber hinaus. Wer als freiberuflicher Trainer oft unterwegs ist, kennt die Problematik: Der Auftraggeber sitzt in hundert oder mehr Kilometern Entfernung und man steht am Vortag des Auftrags vor einem Haufen Handwerkszeug. Wenn man nun die Bahn als Fortbewegungsmittel bevorzugt, da sie erwiesenermaßen als umweltfreundlich gilt, weiß man nicht, wie man seine Medienkoffer und das übrige Gepäck allein zum Bahnhof, zum Kunden und wieder zurück transportieren soll. Da das Material aber schon so oft optimal ins eigene Auto gepasst hat, welches darüber hinaus ja auch eine wunderbare Flexibilität bietet, ist die Entscheidung schon gefällt.

Die Empfehlungen, die oft gemacht werden, sind Ihnen sicher bestens bekannt: kürzere Fahrten mit dem Fahrrad zurücklegen, längere mit der Bahn und zumindest auf innerdeutsche Flüge verzichten. Wer jetzt denkt, diese Moralpredigten bringen einem persönlich aufgrund der vorher angesprochenen Problematik nichts, dem gebe ich vollkommen recht.

Eine praktikable Lösung habe ich für mich schon vor Jahren gefunden, als ich monatelang zwischen München und Mannheim pendelte: Jede größere Fahrt setzte ich als Mitfahrgelegenheit ins Internet. Was zu Studienzeiten noch hauptsächlich der Kostensenkung galt, erwies sich als Lösung, die rundum nicht nur ökonomische Ziele erfüllte, sondern auch ökologische und kommunikative Vorteile mit sich brachte.

Quelle: http://pm.de

Man vermeidet überflüssige Fahrten, bewegt sich bewusster mit dem eigenen Auto, fährt gelassener und hat darüber hinaus noch die Gelegenheit, interessante Bekanntschaften zu machen. Aus einer Mitfahrerin wurde in meinem Fall langfristig sogar eine sehr gute Freundin. Über aktuelle Apps für Smartphone-Nutzer lassen sich bequem auch spontan und sehr flexibel Mitfahrer finden. Studenten der Hochschule Darmstadt gründeten ein Portal namens „flinc", das selbst von BMW und Sixt unterstützt wird und mittlerweile auch in Navigationsgeräte integriert werden kann.[5]

Ebenso versuche ich, lange Fahrten zu Kunden mit anderen Terminen, geschäftlicher oder privater Art, zu verbinden. Oft ist es auch möglich, Veranstaltungen gleich so zu (ver-)legen, dass man zwei oder mehr Termine sinnvoll miteinander verknüpfen kann. Steigende Kosten für Kraftstoffe kann man somit zum Teil ausgleichen, gutes Gewissen inklusive. Darüber hinaus gewinnt man Zeit, die man eben nicht im Auto verbringt.

Jeder Unternehmer wird sein Handeln mit dem Selbstzweck begründen, dass er nur um seiner Selbsterhaltung willen ökonomisch handelt. Nach dem Motto „ich allein kann sowieso nichts ändern" wird so mancher sagen, dass seine Handlungen, wenn auch noch so sehr von Umweltbewusstsein und nachhaltigem Gedankengut geprägt, letztendlich nichts bringen. Wenn nun ein jeder so denkt, wird sich tatsächlich nur wenig ändern. Beispiele wie „trigema"[6] in Burladingen oder „dm" in Karlsruhe belegen aber, dass jeder – wenn anfangs auch – kleine Schritt ein Schritt in die richtige Richtung ist. Hier werden Arbeitsplätze in Deutschland mit zufriedenen Mitarbeitern geschaffen und erhalten, nachhaltige Prinzipien verfolgt und dennoch große Erfolge erzielt. Die oft genannte These, dass „nur wer erfolgreich ist, sich auch Moral erlauben kann"[7], ist somit widerlegt.

Freelancer als Vorbild

Studenten der Wirtschaftswissenschaften beschäftigen sich heute zumindest zwangsweise mit den Themenbereichen der Unternehmensethik. Ihnen und somit der nachfolgenden Generation die Verantwortung zu verdeutlichen und diese damit in die Bahnen zu lenken, die man selbst gerne beschreibt, ist eine wichtige Aufgabe des Unternehmers. Seien es Praktikanten, Auszubildende oder Berufsstarter, die die Wirtschaft noch als lediglich konsum-, umsatz- und gewinnorientiertes Feld sehen, ihnen sollte man aufzeigen, dass es nicht gut ist und schlussendlich nicht möglich ist, nur zu wachsen. Es sollte zum Grundwissen der Ökonomik gehören, dass man als Entscheidungsträger von heute oder von morgen in der Wirtschaft nicht in einem moralfreien Raum agiert.[8]

Als Unternehmer unterliegt man darüber hinaus einer Verantwortung, die man als „Corporate Social Responsibility" bezeichnet, kurz CSR. Sprich: die Verantwortung gegenüber all denjenigen, die die eigenen Geschäfte tangieren, wenn auch nur peripher. Die Literatur spricht von diesen als sogenannten „Stakeholdern", also Interessenseignern, zu denen von Unternehmerseite aus direkt Kontakt aufgenommen wird oder die indirekt Bezug zum Unternehmen haben. Beispiele sind Anwohner einer Brauerei, die ständig einer gewissen Geruchsbelästigung ausgesetzt werden oder Bewohner eines Wohngebietes, die bei Großveranstaltungen einer Firma oft mit erhöhtem Verkehrsaufkommen, Lärm und einer unzumutbaren Parksituation belastet werden.

Diesen Problemen frühzeitig und effektiv entgegenzuwirken, also eine akzeptable Sozialverträglichkeit zu schaffen, ist Kern der CSR. Aber auch die angemessene Unterstützung von Projekten innerhalb der Gemeinde, in der das Unternehmen ansässig ist, gehört zum Pflichtprogramm, wenn man nach allgemeiner Anerkennung strebt.

Ebenso unterliegt man - zumindest als größerer – Unternehmer der Verpflichtung, Arbeits- und Ausbildungsplätze zu schaffen oder zumindest zu erhalten. Gerade als bekannter und angesehener Bürger ist man allerdings fast gezwungen, so manche personalpolitische Entscheidung zu seinen Ungunsten hinzunehmen. Dass das nicht zwangsläufig so sein muss, wird jeder verstehen, dem man seine Beweggründe offenlegt, was man auch durch eine entsprechend transparente Kommunikation nach außen erreichen kann.

Durch die Darlegung von Entscheidungen auf der eigenen Website, auf Internetplattformen oder auch einfach nur im Dorfblatt lässt sich so mancher Konflikt mit der öffentlichen Meinung gezielt vermeiden. Gerade wenn im Vorfeld gutzuheißende Aktionen oder gezielte Förderungen des sozialen Umfeldes ebenso kommuniziert wurden, wie zum Beispiel die Unterstützung beim Bau eines Kinderspielplatzes, wird manchem Rädelsführer von vornherein der Wind aus den Segeln genommen und das Ansehen in der Gesellschaft steigt stetig.

Integration der Ethik in die eigene Unternehmensphilosphie

Eine Umfrage unter Führungskräften, durchgeführt von der IHK Region Stuttgart unter Mitwirkung von Martin Priebe, einem der Autoren des letzten Buches, lässt erkennen, welche Eigenschaften im Berufsleben entscheidend sind: Ehrlichkeit, Zuverlässigkeit, Vertrauen. Auch eine eigene Umfrage von Martin Priebe zeigt, dass Ehrlichkeit und Vertrauen vor Profit genannt werden, wenn es um die Wichtigkeit im Job geht.[9]

Und da sind wir schon wieder bei der „Philosophie". Unternehmen publizieren ihre eigene Unternehmensphilosophie auf ihren Websites, auf Facebook oder auf anderen Plattformen und begeben sich damit in eine große Verantwortung, die ihnen oft gar nicht bewusst ist. Seien Sie also dementsprechend vorsichtig, was Sie veröffentlichen, welche Informationen Sie posten und was sich wie auf verschiedene Interessensgruppen auswirken kann. So kann ich auch meine Kunden im Hinblick auf moralische Wertvorstellungen und Nachhaltigkeit sensibilisieren.

In meinem eigenen Profil auf „XING" weise ich beispielsweise ausdrücklich darauf hin, dass ich keine Aufträge im Multi-Level-Marketing-Bereich annehme. Apropos: Nehmen Sie keine Aufträge an um des Auftrags willen. In meiner Startzeit als Unternehmensgründer sagte mir einmal jemand, dass ich immer behaupten solle, dass ich dem Auftrag im vollen Umfang gewachsen sei, wenn ich eine Anfrage bekäme. Gerade in den ersten Monaten tendiert man sicherlich dazu, erst einmal alles an Arbeit anzunehmen. Das kann allerdings gewaltig nach hinten losgehen. Zwar wird man Ihnen als Gründer eher nachsehen, dass Sie noch nicht alles in Perfektion beherrschen, und auch so manchen Fehler verzeihen, jedoch aus Taktik zu bluffen, um an einen Auftrag zu kommen, ist einerseits moralisch bedenklich – und sehr kurz gedacht. Langfristig zahlt sich Ehrlichkeit eben doch mehr aus, selbst, wenn Sie einen Auftrag aufgrund mangelnder Kompetenzen ablehnen müssen, wird man Ihnen beim nächsten Mal die Chance geben, Erfahrungen zu sammeln.

Auch wenn ein Wettbewerber den Auftrag annimmt und damit unmoralisch handelt, so kann man selbst doch zumindest gut schlafen. Auch Helmut Maucher, ehemaliger Generaldirektor bei Nestlé meint, dass sich Moral langfristig lohne und sagt weiter: „... wer sich auch in schwierigen Momenten an seine Grundwerte halte, ernte auch das Vertrauen, das langfristig Erfolg bringt." Mauchers Lieblingsspruch zu diesem Thema lautet: „Die Männer haben alle eine Wirbelsäule, aber nur wenige ein Rückgrat." Profilsucht und Eitelkeiten hätten Mauchers Meinung nach zugenommen, die Haltung bei früher unstrittigen Werten sei dagegen „flexibler" geworden".[10]

„Freiheit verpflichtet", hat Immanuel Kant einmal gesagt. Jeder hat Pflichten, die er sich selbst auferlegt. Erfolg erzielt man eben auch mit der richtigen Moral, man ist angesehen und gern gefragt. Wer die Zeichen der Zeit mit Ignoranz bestraft, muss sich nicht wundern, morgen zum alten Eisen gezählt zu werden.

Literatur:

Göbel, Elisabeth: Unternehmensethik, Stuttgart 2010, Lucius & Lucius Verlag im UTB
Kant, Immanuel: Kant-Studien 1963. Philosophische Zeitschrift begründet von Hans Vaihinger Band 54, Heft 3
Noll, Bernd: Wirtschafts- und Unternehmensethik in der Marktwirtschaft, Kohlhammer Verlag 2002
Wilhelm, Thomas: Wie viel Gewissen darf's denn sein?, Haufe 2011

http://www.handelsblatt.com/unternehmen/management/strategie/ratgeber-fuehrungsstrategien-moralisch-zu-handeln-lohnt-sich/7226842-3.html
http://www.priebe-beratung.de/resources/Kein+Gewinn+um+jeden+Preis$21.pdf
http://www.pm-magazin.de/a/saab-mit-bio-power-korn-im-tank
https://www.stuttgart.ihk24.de/linkableblob/975108/.10./data/Broschuere_ehrlich_waehrt_am_laengsten-data.pdf

Quellennachweis:

[1] vgl. Noll, B. 2002
[2] http://www.dm.de/de_homepage/unternehmen/grundsaetze/
[3] in Anlehnung an Göbel, E. 2010
[4] vgl. Göbel, E. 2010
[5] http://de.wikipedia.org/wiki/Flinc
[6] http://www.transparenz.net/trigema-affentheater-oder-arbeitsplatzsicherung/
[7] Wilhelm, Th.
[8] Göbel, E.
[9] www.priebe-beratung.de
[10] Maucher, H. im Handelsblatt 9. 10. 2012

Dieter E. Gellermann

Journalist und PR-Experte

Dieter E. Gellermann, PR-Berater für klassische Presse- und Öffentlichkeitsarbeit, Textbegleiter für treffende Texte vom Flyer über die Homepage zum Katalog, Buch- und Blog-Autor, Storytelling-Berater und auf vielen Social-Media-Plattformen zu finden. Vernetzt bei Freelancer-International e.V. und Gabal e.V. sowie Mitglied im Deutschen Journalisten-Verband (DJV).

Vita: Jugendgruppenleiter und Redakteur einer Jugendzeitschrift, Jugendbuchautor und Spieleentwickler, IT-Netzwerkadministrator, Marketing- und Werbemensch im Versandhandel sowie Qualitätsassistent in der Medizintechnik, seit 2006 selbstständig als Fachjournalist für Presse- und Öffentlichkeitsarbeit und für Texte, die treffen.

www.d-e-g.de

Storytelling – Mit einer guten Geschichte erinnert man sich schneller an Sie

Dem Begriff Storytelling begegnet man immer häufiger. Was ist darunter zu verstehen? Für mich stellt das Erzählen einer Geschichte im geschäftlichen Umfeld die nächste Möglichkeit nach dem Elevator Pitch[1] dar, sich schnell bekannt zu machen. Ziel muss sein, beim Gesprächspartner in guter Erinnerung zu bleiben.

Das Modell des Elevator Pitch geht bildhaft davon aus, dass man als Geschäftsmann oder -frau einen Fahrstuhl betritt. Zufällig steigt ein noch unbekannter Mensch zu. Idealerweise hat man etwa zwei Minuten Zeit, bis einer den Fahrstuhl wieder verlässt. Wie ist es in der kurzen Zeit möglich, sich bekannt zu machen? Häufiger als in einem Aufzug ergeben sich solche Situationen an Messeständen oder Tagungen. Deshalb sollte man darauf vorbereitet sein, eine kurze Zeitspanne sinnvoll zu nutzen. Was erzählt man auf die Schnelle, damit es beim Gesprächspartner hängen bleibt? Macht es Eindruck, ermöglicht es kurz darauf ein weiteres Gespräch, eventuell bei einem Kaffee?

Wie bereiten Sie sich auf dieses ausführlichere Gespräch vor? Welche Themen schneiden Sie an?
Harte Fakten sind für den Start eines Zweitgespräches nicht geeignet. Warum? Weil sie von Unternehmen zu Unternehmen austauschbar sind und nicht im Gehirn verankert werden, zumal die wenigsten von uns Zahlenmenschen sind. ROI, Ebit und andere Kennzahlen vermitteln keine Gefühle und bleiben in dieser Phase des Kennenlernens nicht im Gedächtnis. Sie sollten so ein wichtiges Treffen anders beginnen: mit einer Geschichte!

Geschichte des Storytellings

Der Begriff wurde erstmals im Jahr 1996 am Massachusetts Institute of Technology (MIT) in Boston/USA benutzt. Für Wissenschaftler, Journalisten und Wirtschaftler ging es darum, zu klären, wie eine Dokumentation von Lernprozessen in Unternehmen so verfasst werden könnte, dass sie in allen Abteilungen genutzt werden kann. In Geschichten verpackt lassen sich diese Inhalte am besten vermitteln.[2]

Menschen, die sich mit den verschiedenen Formen des Storytellings befassen, merken auch, dass sich die „Success Stories"[3] nach Methodik und Zielgruppen in ihren Ausprägungen differenzieren. Man findet sie in der Spielfilm-Dramaturgie, in der Werbung, in den Public-Relation-Nachrichten und in der internen wie externen Unternehmenskommunikation.

Von wem und wann wurde diese Technik erstmals professionell eingesetzt? Es war der Schweizer Reformpädagoge Johann Heinrich Pestalozzi[4], der im Jahr 1777 erstmals Schreiben in geschichtenähnlicher Form an Förderer verfasste, um Spenden für seine pädagogischen Einrichtungen zu erhalten. In diesen jährlichen Schreiben schilderte er die Erfolge seiner Maßnahmen wie auch die aktuellen Planungen.[5]

Das Instrument seiner „Bettelbriefe" bewahrte Pestalozzi nicht davor, auch Rückschläge einzustecken bei seinen Ideen, den Einrichtungen wie den eigenen pädagogischen Ansätzen.

Dennoch: Heute verfahren nahezu alle gemeinnützigen Einrichtungen nach demselben Muster. Das gilt auch für Sponsoring im Internet oder das Gewinnen von Venture-Capital für Zukunftstechnologien.

Was zeichnet Storytelling aus?

Wie bei einem Werk der Literatur muss eine Story eine Dramaturgie besitzen, einen Spannungsbogen, eine glaubhafte und bildhafte Geschichte, vielleicht auch überraschende Wendungen und einen Plot, der hängen bleibt. Sie darf witzig sein und kann in Wort, Bild oder Film, aber auch von einer Bühne aus dargeboten werden.

„Tue Gutes und rede darüber!" ist eine hierzulande weit verbreitete Redensart, die ich genauso unterstreichen möchte wie die Weisheit amerikanischer Verkäufer: *„Facts tell, stories sell."*[6]

Die vier wesentlichen Aufgaben des Storytellings im Bereich der Public Relations[7] sind:

- Aufmerksamkeit erregen
  Ziehen Sie Ihre Zuhörer in den Bann der Geschichte.

- Information vermitteln
  Fakten sind notwendig, um darauf eine Geschichte aufzubauen.

- Gefühle auslösen
  Es gibt verschiedene Modelle zur Gefühlswelt von Menschen. Motive tragen die Gefühle, sei es die Vermittlung von Sicherheit oder Angst, Erregung oder Erfolg. Die

unterschiedlichen Gefühle treten nicht einzeln auf. Es gibt immer ein Spannungsfeld mehrerer Strömungen.

- Im Gedächtnis verankern
Wenn Ihre Geschichte so gut ist, dass sie beim Zuhörer hängen bleibt, dann haben Sie Ihr Meisterstück vollbracht. Eine gute Story wird weitergetragen, fast wie in den Zeiten des Volksmundes, in denen die Geschichten noch nicht aufgeschrieben waren und Erzähler von Ort zu Ort wanderten.[8]

Wenn Sie das nun wissen, dann überlegen Sie bitte, welche Bilder Sie mit bestimmten Märchen verbinden.

„Hänsel und Gretel" ist eines, bei dem die Dramaturgie besonders ausgeprägt ist. Man kann das Märchen sogar in die fünf Akte des klassischen Dramas aufgliedern:

1. Akt: In ihrer Armut hat die Familie von Hänsel und Gretel keine Chance, die eigene Zukunft zu gestalten.
2. Akt: Die Eltern hoffen darauf, dass sich die Kinder im Wald verlaufen und so zwei Esser weniger zu verköstigen sind.
3. Akt: Die Kinder kommen zum Hexenhaus und erleben eine herbe Überraschung: Sie werden nach kurzer Zeit unfreundlich behandelt und Hänsel wird in einen Stall eingesperrt.
4. Akt: Hänsel soll der kannibalischen Hexe zum Opfer fallen. Doch da fällt Gretel eine List ein.
5. Akt: Mit den Schätzen der Hexe machen sich die Kinder auf den Heimweg und leben mit den Eltern sorgenfrei bis an ihr Lebensende.

Älter als die Märchen von Grimm, Andersen, Bechstein oder Hauff sind die „Märchen aus 1001 Nacht", die als Erzählungen der Scheherazade[9] einen miteinander verbundenen Zyklus darstellen. Der Kalif der Sammlung will unterhalten und nicht gelangweilt sein und droht seinen Erzählerinnen damit, sie zu töten, wenn sie ihn langweilen sollten. Scheherazade gelingt es, anders als ihren Vorgängerinnen, auch dadurch die Spannung des großen Mannes zu erhalten, dass sie am Ende jedes Abends die Erzählung an einem Punkt abbricht, der den Kalifen neugierig macht, wie es wohl weitergehen mag, und er das Mädchen deshalb nicht töten lassen kann. Wir kennen diese Technik heute von Fernsehserien als Cliffhanger.

Ähnlich wie die Dramaturgie des Märchens, verlaufen heutzutage viele Werbefilme, Industriegeschichten und Erfolgsstorys.

Wo finden wir neben den Märchen noch andere Formen des Storytellings?
- In der Höhlenmalerei der Steinzeit (Jagdgeschichten)
- In der Sagenwelt (z. B. Odysseus, Siegfried, König Artus)
- In Fabeln von Äsop oder La Fontaine verkörpern Tiere bestimmte Eigenschaften. Der Fuchs ist schlau und der Hase ängstlich.
- In der Bibel (z. B. Hiob, David und Goliath, Gleichnisse im Neuen Testament)
- In Filmgeschichten (etwa den Disney-Filmen)

Die „Story" von David und Goliath wird häufig wieder aufgegriffen, z. B. in der Werbung oder in Wirtschaftsgeschichten. Von Greenpeace prägte sich solch ein Bild ein durch die kleinen Schlauchboote vor Verklappungsschiffen und Walfängern. Richard Branson hat mit seiner Fluggesellschaft Virgin die große British Airways herausgefordert, mit Erfolg.[10]

„Eine Story zieht im Unbewussten ein."[11] Cristián Gálvez vergleicht das Storytelling mit „trojanischen Pferden" und liefert damit selbst ein Bild, das sich zum Thema Storytelling im Gehirn festsetzt.

Kommen wir nun zu den Disney-Geschichten, die nicht nur durch Kinder weit verbreitet sind. Niemand hat so viele gute Geschichten erzählt, wie die Mitarbeiter der Disney-Welt. Bei den Disney-Spielfilmen sieht man, wie Helden aufgebaut werden, wie eine Strategie verfolgt wird und wie die Dramaturgie die Handlung trägt, welche Nebenfiguren eingeführt und durchgespielt werden. Das Grundthema selbst ist da zunächst sekundär.

Häufig sind die rechtschaffenen Helden zunächst ohnmächtig gegenüber den negativen Protagonisten. Am Ende und nach einigen Versuchen, sich durchzusetzen, erringen die Helden doch noch ihr Ziel. Nehmen Sie Disney-Stoffe als Ausgangsüberlegung für Ihre Geschäftsgeschichten und Sie werden damit Erfolg haben.

Die Stoffe von Disney werden international in fast allen Ländern verstanden, weil sie auch in unterschiedlichen Kulturen getestet werden. Sie funktionieren deshalb in fast allen Regionen der Welt.

Disney-Geschichten und andere ähnliche werden zu unseren inneren Bildern, die in vergleichbaren Situationen typische Reaktionsklischees aus unserem Erfahrungsschatz abrufen.[12]
Ist etwas gut gegangen, werden wir es wiederholen.
Ist etwas schlecht gewesen, werden wir es künftig meiden.

Wir schwanken zwischen Angst- und Belohnungssystem[13], wobei Dopamin freigesetzt wird. Beide Systeme sind im limbischen System unseres Gehirns verankert.

Was wollen Sie mit Ihrer Geschichte für Ihr Unternehmen unterstreichen?
Je nach Art des Betriebes kann das sein:
a) Beständigkeit, also Dauerhaftigkeit durch hohe Qualität und garantierte Nachkaufmöglichkeit
b) Veränderung, also Chance zum Wandel und regelmäßige Neuerungen begleitet von besseren und vermehrten Nutzungsvarianten (Features).[14]

Unsere Einstellungen zu bestimmten Fragestellungen sind teilweise bereits als „Ahnenschatz"[15] überliefert, der Teil des Unterbewusstseins ist. Wir können in manchen Situationen deshalb nur so und gar nicht anders entscheiden.

Welche Elemente tragen eine Geschichte?

Da ist zunächst der Held[16], der gut oder negativ sein kann. Unser Protagonist muss nicht männlich sein. Aus Werbebotschaften kennen wir noch Klementine *(Johanna König: „nicht nur sauber, sondern rein")* oder Tilly *(„Sie baden gerade Ihre Finger darin")*. Aber unser Held darf auch eine Sache sein, wie im Werbespot mit dem Audi Quattro 1986 auf der Skisprungschanze Jämsä[17].

Zur Geschichte gehört zwingend ein Handlungsverlauf, der häufig überraschend endet oder eine unerwartete Wendung nimmt. Rund um Daimlers Gartenhaus in Cannstatt vermuteten die Nachbarn, dass da drin Teufelswerk geschehe, und begleiteten Daimlers Basteleien mit Skepsis.

Die Wirtschaftshistorie ist voll von Geschichten. Diese haben sich in unserem Unterbewusstsein, im limbischen System[18] des Gehirns eingegraben und sind so präsenter als Jahres- oder Umsatzzahlen oder andere Firmendaten, wie ja eingangs schon erwähnt.

Zu den Requisiten im Storytelling können wir auch die Orte des Geschehens zählen. Gerade im IT-Bereich sind viele Unternehmen in Garagen gegründet worden, etwa bei Hewlett Packard 1939 in Palo Alto. Wo das neue Produkt im Vordergrund steht, ist der Findungsprozess genauso wichtig wie die Erfinderin. Das gilt für den von Melitta Bentz (1873-1950) entwickelten Kaffeefilter, wobei der Prototyp 1908 aus Löschblättern gefertigt war.

In der Wirtschaftswunderzeit gab es viele Erfolgsgeschichten, etwa die von Max Grundig mit seinem Selbstbau-Radio „Heinzelmann". Fertige Radios waren vor rund 60 Jahren noch zu teuer, was den damaligen Erfolg des Radio-Bausatzes erklärt.

Unternehmen, die gute Geschichten erzählen können, unterscheiden sich von ihren Wettbewerbern und sind letztlich auch erfolgreicher.

Geschichten im Unternehmen entwickeln

Wenn Sie für Ihr Unternehmen eine Geschichte entwickeln wollen, überlegen Sie zunächst, was die Firma, ihre Produkte oder die Dienstleistungen von anderen unterscheidet. So ergibt sich, was der Aufhänger für den Stoff zur Story sein kann:[19]

- die Gründungsgeschichte vielleicht,
- eine Story aus den Anfängen des Vertriebs,
- eine neue Ausrichtung des Services oder Verlagerung der Produktion,
- ein besonderer Abschluss,
- eine Auszeichnung durch eine anerkannte Stelle,
- der Weg zur ökologischen Ausrichtung und zur Nachhaltigkeit,
- bestimmte internationale Verflechtungen,
- schließlich auch bestimmte Persönlichkeiten und besondere Kunden.

Feiern Sie ein Jubiläum, dann versuchen Sie Dinge zusammenzutragen, die die Anfänge Ihrer Firma geprägt haben, etwa Additionsmaschinen und Telexgeräte. Die sind bei einem „Tag der offenen Tür" nicht nur Staffage, sondern geben Gesprächsstoff ab für Mitarbeiter und Gäste und liefern auch noch einen guten Hintergrund für die Berichterstattung per Bild.

Seien Sie sich darüber im Klaren, wem Sie die Geschichte erzählen wollen und welche Wirkung von der Story ausgehen soll. Wen sprechen Sie an:

- potenzielle Kunden,
- Bestandskunden,
- wichtige Lieferanten,
- Behördenvertreter,
- die eigenen Mitarbeiter,
- speziell die Vertriebsmannschaft,
- freie Mitarbeiter
- oder etwa auch den eigenen Vorgesetzten

Je nachdem, wen Sie ansprechen wollen, müssen Sie neben der Geschichte selbst Wortwahl, Satzbau, Bildhaftigkeit und Grad der Fachsprache beachten. Achten Sie darauf, dass Sie konkret werden, auch um sich vom Wettbewerb zu unterscheiden. Vermeiden Sie platte und stereotype Aussagen.

Testen Sie Ihre Geschichten bei Freunden und Kollegen und lassen Sie sich ein ehrliches Feedback geben. Ermöglichen Sie mit Geschichten, dass Ihre Zuhörer einen „Abstecher ins Emotionale"[20] machen.

Abschließend ein Zitat von Hermann Becker, dem Leiter der Unternehmenskommunikation bei Porsche Austria auf dem ersten Storytelling-Kongress 2006 in Salzburg:[21]

> „(Ich) habe im Verlaufe der Jahre gelernt, dass die Seele eines Unternehmens [...] von Mitarbeitern tagtäglich erfühlt und spürbar werden muss. Wie viele Broschüren und gescheite Sätze wurden schon geschrieben, die dem Mitarbeiter dieses Selbstverständnis des Unternehmens beschreiben sollten. [...] Von diesen Fibeln gibt es vermutlich noch mehr Restbestände, die in Aktenschränken verstauben, aber anwenden und vor allem begreifen tut das keiner mehr. So was muss man leben. Vorleben vor allem."

Fazit:

Wenn Sie die erste Story für Ihren Unternehmenserfolg erstellt haben, begnügen Sie sich nicht mit dem Erreichten. „Eine Story, die Sie öfter erzählen, wird mit Ihren Worten immer besser werden."[22] Verändern Sie die unterschiedlichen Elemente. Verstärken Sie positive Aspekte, lassen Sie ungünstige weg. Es kann Ihnen nichts Besseres passieren, als bald erkannt zu werden als der oder die mit einer besonderen Erfolgsgeschichte.

Bücher und weiterführende Links:

Dieter Herbst, Storytelling, UVK Verlagsgesellschaft mbH, Konstanz 2008
www.dieter-herbst.de (Aktuell in zweiter Auflage, 2011)
Cristián Gálvez, 30 Minuten Storytelling, GABAL, Offenbach, 4. A. 2012
Sandra Masemann, Barbara Messer, Trainings inszenieren: Storytelling im Training, CD-ROM zum Entwickeln eigener Storys, GABAL Offenbach 2010
Jünger TrainTools, www.traintools.de
Anne M. Schüller, Come back!, orell füssli, Zürich 2007

http://www.d-e-g.de/category/storytelling-2/ - Beispiele für gute Storytelling-Entwicklungen aus dem Blog des Autoren
www.narrata.de – Storytelling im narrativen Management
www.erzaehlen.de – Plattform für das Erzählen auf der Bühne
www.propeller.ch – Seite von Storytelling-Pionier Werner T. Fuchs
www.1001macht.ch – Seite von Werner T. Fuchs
http://blog.anneschueller.de/der-kundenfokussierte-mitarbeiterfuhrung-47-storytelling-der-kunde-als-held/ – Blogbeitrag von Anne M. Schüller aus München zum Thema

Quellenverzeichnis:

[1] Ausführliche Erläuterung des Elevator Pitch u.a. hier: http://de.wikipedia.org/wiki/Elevator_Pitch
[2] Herbst, Dieter, Storytelling, UVK Verlagsgesellschaft mbH, Konstanz 2008, S. 11
[3] Beispiele für Storykonzepte finden Sie unter http://www.d-e-g.de/category/storytelling-2/ im Blog des Autors
[4] Pestalozzi (1746-1827) war auch Philosoph, Politiker und Sozialreformer.
[5] Herbst, a.a.O., S. 12
[6] Zitiert nach Anne M. Schüller, Come back!, orell füssli, Zürich, 3.A., 2010, S. 193
[7] Als PR-Berater ist mir die Wirkung von Storytelling in der Image- und Öffentlichkeitsarbeit besonders wichtig. Gute Geschichten können aber nicht nur da mit Erfolg eingesetzt werden und ein Gewinn sein.
[8] So dargestellt von Herbst, a.a.O., S. 11
[9] Herbst, a.a.O., S. 18
[10] Vgl. Herbst, a.a.O., S. 59
[11] Gálvez, Cristián, 30 Minuten Storytelling, GABAL, Offenbach, 4. A. 2012, S. 17
[12] Vgl. Herbst, a.a.O., S. 39
[13] Herbst, a.a.O., S. 38
[14] So Herbst, a.a.O., S. 52
[15] Herbst, a.a.O., S. 40
[16] In der letzten Zeit begegnet uns häufiger in diesem Zusammenhang die „Heldenreise". Der Begriff wurde von Joseph Campbell entwickelt, der damit nach Wikipedia auch George Lucas zu Star Wars inspirierte.
[17] Der Stern vom 7. März 2005 lässt die Dreharbeiten von 1986 noch einmal Revue passieren und berichtet von einer zweiten Fahrt auf der Schanze, Ende 2004. Der ursprüngliche Spot wurde 1997 zum besten deutschen Werbespot aller Zeiten gekürt.
[18] Vgl. Herbst, a.a.O., S. 33 f.
[19] Vgl. Herbst, a.a.O., S. 135 f.
[20] Gálvez, a.a.O., S. 18
[21] Zitiert nach Herbst, a.a.O., S. 106
[22] Gálvez, a.a.O., S. 80

Brunhild Hofmann

Brunhild Hofmann ist Biochemikerin, Sportpädagogin und Germanistin.

Sie arbeitet seit 1993 als Trainerin und Coach für Einzelne und Teams. Grundlegend dafür sind ihre Ausbildungen in systemischer Organisationsentwicklung, Coaching sowie als Moderatorin für große Gruppen mit einem Ansatz für ganzheitliche Prozessmoderation (Open Space, Genuine Contact, Circle Training).

Im Jahr 2007 wurde sie von Rob Williams in den USA zur PSYCH-K® und PER-K® - Ausbilderin zertifiziert. Seither liegt der Schwerpunkt ihrer Tätigkeit darin, Unternehmen und Menschen zu unterstützen, sich ihre unterbewussten Überzeugungen bewusst zu machen und sie mit den bewussten Zielen in Einklang zu bringen.

www.beraterkooperation.com
www.energyfocus.de
www.brunhildhofmann.de

PER-K®
das Essenzielle für Erfolg

„Ob du glaubst, du kannst, oder ob du glaubst, du kannst nicht – du hast recht."
  Henry Ford, Gründer der Ford-Werke

Dieses Prinzip macht sich ein Unternehmen aus der Metallbranche zunutze. Die Geschäftsleitung plant ein neues Firmengebäude: Produktion und Verwaltung sollen an einen neuen Standort ziehen. Der Umzug bringt nicht nur eine Erweiterung, die als Befreiung empfunden wird, mit sich, sondern auch viele Unsicherheiten. Bequemlichkeiten müssen aufgegeben werden, die Komfortzone wird in vielen Bereichen verlassen.

Wir führen mit dem Geschäftsführer und den Führungskräften einen zweieinhalbtägigen PER-K®-Workshop durch.

>   PER-K® steht für
>   **P**ossibilities – Möglichkeiten
>   **E**nergie – Energie
>   **R**esults – wiederholbare Ergebnisse
>   **K**ey – zusammen ein Schlüssel für nachhaltigen Erfolg.

Der Workshop hat folgende Ziele:

- sich mit den Herausforderungen der neuen Situation, die Unsicherheiten mit sich bringt, konstruktiv auseinanderzusetzen
- alte Überzeugungen loszulassen und darin unterstützt zu werden, Unsicherheiten auszuhalten
- von einer Zukunfts-Sichtweise aus zu denken, zu fühlen und zu handeln (statt aus der Sicht auf die Vergangenheit)
- das Vertrauen in die eigene Führungsfähigkeit zu vergrößern
- sich darin zu üben, mit offenem Geist, offenem Herzen und Willen als Führungskraft voranzugehen
- die dazu notwendigen Überzeugungen zu formulieren, bei sich selbst zu überprüfen und – falls nicht vorhanden – mithilfe der Methode PER-K® zu implementieren.

Ein weiterer Tagesworkshop findet drei Monate später statt. Er dient der Stärkung der Kommunikationskompetenz. Ziele sind:
- fließender Umgang mit allen Wahrnehmungspräferenzen (visuell, auditiv, kinästhetisch), die durch die Mitarbeiter repräsentiert werden (verbaler Rapport)
- die Fähigkeit, kongruent zu sein, und zwar sowohl dann, wenn ich Verbindung/Rapport zu meinem Gegenüber aufbaue, als auch, wenn ich klare Grenzen setze, und gelassen zu bleiben, wenn ich das jeweilige Verhalten durch mein Gegenüber erfahre.

Das geschieht ebenfalls mit der Methode PER-K®.

Was ist PER-K®?

„PER-K® ist ein benutzerfreundlicher Weg, um die Software Ihres Geistes neu zu schreiben und dadurch Ihre Leistungen zu verändern."
    Robert M. Williams, M.A.,
    Begründer von PER-K®

PER-K® hat zum Ziel, eine Brücke vom Bewusstsein zum Handeln zu schlagen. Wir Menschen wissen oft genau, was zu tun ist, warum es wichtig ist und wie es zu tun wäre – und wir kämpfen damit. Verschiedene Verhaltenstechniken und maximale Disziplin führen nicht zum Erfolg. Der Engpass drückt sich oft in Überzeugungen aus, die uns nicht bewusst sind. Menschen verändern sich nicht, bevor sich ihre persönlichen unterbewussten Überzeugungen nicht verändern.
Haben Sie sich schon einmal gefragt, warum die Mehrheit der Trainings, die sich auf das Vermitteln von Fähigkeiten und Motivation konzentrieren, nur geringe oder kurz anhaltende Veränderung bewirken? Und warum, nach der anfänglichen Begeisterung, sehr schnell wieder alles beim Alten ist?
Wenn Sie schon Trainings mit dem Fokus auf „positives Denken" oder „Motivation" besucht haben, wissen Sie vielleicht, dass Inspiration und Motivation alleine selten lang anhaltende Verhaltensänderungen bewirken. Um eine neue Verhaltensweise zu beginnen und dann auch durchzuhalten, müssen Sie die Überzeugungen und Grundannahmen berühren, die dem Verhalten zugrunde liegen.

Die Frage ist: Wie erreichen und verändern wir diese tiefen Überzeugungen und Grundannahmen, um wahre und nachhaltige Veränderung zu erreichen?

Die Antwort liegt in dem Bereich außerhalb unserer bewussten Wahrnehmung, bekannt als das Unterbewusstsein – dem Speicher für unsere Grundannahmen, Werte und Überzeugungen. Studien der Neurowissenschaft weisen darauf hin, dass bis zu 95 % unseres Bewusstseins in Wirklichkeit unterbewusst gesteuert wird. Diese verborgenen Überzeugungen und Ansichten sind oft das Ergebnis von „Programmierungen" in unserer ersten Lebensphase und haben einen kraftvollen Einfluss auf unser Verhalten. Wir lernen in unseren ersten Lebensjahren und auch schon im Mutterleib einfach durch Beobachtung der für uns wichtigen Menschen. Im Mutterleib werden wir von dem Strom der Hormone, den das Körpersystem unserer Mutter ausschüttet, beeinflusst. Selbst gut trainierte, motivierte und ausgerichtete Menschen begrenzen sich oft selbst, weil das Unterbewusstsein Überzeugungen enthält, die ihrem Erfolg entgegenstehen. Dieses früh installierte Programm ist für uns als Kind überlebenswichtig, weil es die Umgebung spiegelt, in die wir hineingeboren werden. Als Erwachsener sind wir Frau oder Herr über uns selbst. Wir können die Umstände bestimmen, in denen wir leben. Allerdings kontrollieren wir bewusst nur ca. 5 % unserer Wahrnehmung und damit auch des dementsprechenden Verhaltens. Zu 95 % läuft die Schallplatte ab, die wir seit unserer Kindheit aufgelegt haben.

Das Unterbewusstein kann auf eine ähnliche Weise angesteuert werden wie der Speicher eines Computers. PER-K® arbeitet wie eine mentale „Tastatur" – eine benutzerfreundliche und nicht invasive Art, mit dem Unterbewusstsein zu kommunizieren, die einfach, direkt und nachweisbar ist.
Diese Kommunikationsmethode mit Ihrem Unterbewusstsein ermöglicht, tiefe begrenzende Überzeugungen zu ermitteln und dann so zu verändern, dass sie mit den Prinzipien übereinstimmen, die anhaltend erfolgreiche Verhaltensweisen, Aktivitäten und Ergebnisse produzieren.
Dieser einzigartige Prozess ist leicht zu lernen, einfach anzuwenden und kann persönliche und professionelle Effektivität auf dramatische Weise erhöhen.
Bei PER-K® geht es um Selbstentdeckung, Veränderung und nachhaltigen Erfolg.

Wie gesagt, **PER-K®** erschließt Möglichkeiten
    *P*ossibilities, fokussiert
    *E*nergie auf kongruente Weise und produziert wiederholbare Ergebnisse
    *R*esults – zusammengenommen ein Schlüssel,
    *K*ey für nachhaltigen Erfolg.

Es ist ein einfacher und effektiver Weg, um selbstbegrenzendes Verhalten zu verändern, indem die zugrunde liegenden Überzeugungen gewandelt werden, die dieses Verhalten bewirken.[1]

Im Folgenden stellen wir einige selbstbegrenzende Überzeugungen selbstermächtigenden Überzeugungen gegenüber:

Wenn ich es vermeiden kann, Entscheidungen zu fällen, kann ich es auch vermeiden, Fehler zu machen.	Ich vertraue meiner Fähigkeit, Entscheidungen zu treffen, und ich übernehme die Verantwortung für meine Ergebnisse.
Meine Angst vor Ablehnung hält mich davon ab, erfolgreiche Verkaufsgespräche zu führen.	Ich bin ruhig, selbstsicher und energetisiert, wenn ich Verkaufsgespräche führe.
Ich muss meine Ideen beschützen, da andere sonst die Lorbeeren dafür kassieren.	Bereitwillig teile ich meine Ideen und ich feiere einen Teamerfolg wie einen persönlichen Erfolg.
Wenn ich mir über Dinge Sorgen mache, zeigt das, dass ich mich um sie kümmere.	Ich entspanne mich, gebe mein Bestes und beschäftige mich mit Lösungen statt mit Problemen.

Wie kommen wir von der limitierenden zur stärkenden Überzeugung?

Ein Ausflug in die Neurowissenschaften

„Wir müssen mehr fühlen" – mit dieser Schlagzeile ist ein Interview mit der Neurowissenschaftlerin Tania Singer überschrieben. Es erschien nicht in einem Frauenmagazin, sondern in der renommierten Wochenzeitschrift „Die ZEIT". Noch spannender ist, dass dieses Interview unter der Rubrik „Wirtschaft" veröffentlicht wurde.

Was hat „Fühlen" mit „Wirtschaft" zu tun?

Nach Tania Singer hat jeder Mensch ein *caring*-System, das überlebenswichtig ist. „Es hat evolutionäre Ursachen und ist bei Männern und wie Frauen aktivierbar. Also kann es genauso wie Leistungsmotivation die Basis für ein Wirtschaftssystem werden".

ZEIT: Kann man sich mit stärkerer Orientierung auf Mitgefühl gegen aggressivere chinesische Konkurrenten behaupten?

Singer: Diese reine Ausrichtung auf Wettbewerb ist ja das Problem: Wir müssen immer besser, effizienter und schneller sein als der andere.

ZEIT: Aber sonst machen uns die Chinesen platt.

Singer: Da spricht jetzt bei Ihnen das Angstsystem. In dieser Dynamik sind wir gefangen. Aktiviert man jedoch eine Ausrichtung auf Liebe, Vertrauen und Gemeinschaft, dann denkt man nicht so, handelt nicht so – und oft kommt dann auch etwas anderes zurück. Man geht nicht unter.[2]

Tania Singer untersucht z. B. die Wirkung von täglicher Meditation auf das Miteinander in der Wirtschaft. Meditieren aktiviert Bereiche im Gehirn, die für Empathie, Mitgefühl, Kreativität und Vertrauen verantwortlich sind. Diese sind üblicherweise in unserer westlich geprägten Welt messbar weniger aktiv als die Bereiche, die für Kontrolle, detailorientiertes Denken und Analyse stehen. Üblicherweise ordnet man letztere dem linken Frontallappen der Großhirnrinde zu, während erstere im rechten Frontallappen zu finden sind. Prinzipell ist allerdings wichtig, dass es keine Festschreibungen gibt. Unser Gehirn hat eine ausgeprägte Plastizität und verändert sich ständig.

PER-K®-Prozesse erreichen einen balancierten Zustand im Gehirn nach wenigen Minuten. Dieser Whole-Brain-Zustand ist ideal für die Veränderung von unterbewussten Überzeugungen. Die Kommunikation zwischen beiden Hemisphären (Cross-Talk) wird unterstützt. Sind beide Gehirnhälften akitviert, haben Sie außerdem Zugriff auf Ihr volles Gehirnpotenzial, mit dem Sie Ihrer Umwelt begegnen.

Für uns fast das Wichtigste: Sie können Stress in der Zeit von wenigen Minuten loslassen.

Der Whole-Brain-Zustand

„Meine Erfahrung mit PER-K® hat mich in eine Richtung bewegt, die mich nicht nur innerlich verändert hat, indem ich es anwende – es wird mich wohl bis zum Ende meiner wissenschaftlichen Karriere auch auf meinem Spezialgebiet des Studierens, Forschens und Lehrens leiten."

Jeffrey L. Fannin, Ph.D., Direktor des Center for Cognitive Enhancement

Bisherige Forschung mit „Brainmapping" beweist, dass die Verwendung der PER-K®-Prozesse einen kohärenten Zustand des Gehirns, also einen „Whole-Brain-Zustand", bewirkt. Diese anerkannte wissenschaftliche Technik misst Gehirnwellen an 20 besonderen Orten am Kopf und übersetzt dann die gesammelten EEG (Elektroenzephalogramm)-Daten und Informationen durch ein ausgereiftes statistisches Programm in visuelle Muster, die mit anderen verglichen werden können.

Üblicherweise neigen die normalen Energiemuster im Gehirn dazu, gleich zu bleiben, bis sie auf irgendeine Weise verändert werden. Bisherige Forschungen haben gezeigt, dass es Wochen, Monate oder sogar Jahre dauern kann, bis gewünschte signifikante Veränderungen durch Training des Gehirns auftreten.

Bei Nutzung eines PER-K®-Prozesses wurden bedeutende Veränderungen bereits nach nur 10 Minuten nachgewiesen!

Dr. Jeff Fanin und Robert Williams führten eine Studie mit 125 Teilnehmern durch, die über zwei Jahre lief. Brainmapps sind individuell einzigartig, jedoch wurde in 98 % der Fälle der Whole-Brain-Zustand erreicht. Eine erste Messung repräsentiert Gehirnaktivität vor dem PER-K®-Balance-Prozess. Die zweite Messung ca. 10 Minuten später zeigt die zusätzliche Gehirnwellenaktivität nach dem PER-K®-Prozess. Bemerkenswert ist, dass ein umfassend verteiltes Energiemuster entstanden ist, nachdem der Balance-Process abgeschlossen wurde.

Die Studie bestätigt eine Steigerung der Balance über das gesamte Gehirn, sowohl zwischen der linken und der rechten Großhirnhälfte als auch im vorderen und hinteren Bereich. Dieser „Whole-Brain-Zustand" bringt viele Vorteile:

die Umwandlung unterbewusster Überzeugungen in Hochgeschwindigkeit, klareres Denken, weniger Stress, direkter Zugang zu Kreativität, die Fähigkeit, Probleme zu lösen, erhöhte Bewusstheit wie eine Zunahme an Effizienz und Energie.[3]

Wann sind wir erfolgreich – und was ist Erfolg?

Im Whole-Brain-Zustand interagieren rechte und linke Gehirnhälfte. Interhemisphärische Aktivität ist mit effizienter Gehirnfunktion verknüpft. Und beide Gehirnhälften sind aktiv. Das ist entscheidend, um stabile anhaltende Beziehungen aufzubauen.
Nach einer Untersuchung von Frederikson, Losada und anderen ist ein aussagekräftiger Indikator über die Wirksamkeit eines Führungsstils das Verhältnis von positivem zu negativem Feedback. Sie fanden heraus, dass in Teams mit hoher Performance positives zu negativem Feedback fast im Verhältnis von 6 zu 1 (P/N 5,6) stand, in Teams mit mittelmäßiger Performance wurde zweimal mehr gelobt als getadelt (P/N 1,9) und in Teams mit mäßiger Performance wurde ungefähr dreimal mehr kritisiert als gelobt (P/N 0,36). [4]

Wie aber will ich als Vorbild, als Unternehmer oder als Führungskraft wirken und meinen Mitarbeiter positiv unterstützen, wenn ich das mir selbst gegenüber nicht kann? Wenn bei mir die Schallplatte läuft:
„Da ist noch Luft nach oben, da geht noch etwas!"
„Ich bringe immer 120 %!"
„Keine Kritik ist schon des Lobes genug!" - wie der Volksmund sagt.
„Es ist besser, in der Mitte zu bleiben, da oben herrscht ein rauer Wind."

Hier kommen wieder die eigenen unterbewussten Überzeugungen ins Spiel.

Um auf unser Beispiel zurückzukommen:
In der Firma aus der Metallbranche, die das Ziel hat, ihr Neubau- und Umzugsprojekt erfolgreich durchzuführen und abzuschließen, verankern die Führungskräfte während des Workshops unter anderem folgende Überzeugungen:

- Ich bin eine wertvolle Führungskraft/ein wertvoller Mensch.
- Es fällt mir leicht, meine Kollegen um Unterstützung zu bitten.
- Ich sehe wertschätzenden und respektvollen Umgang.

- Ich nehme meine Umgebung neu wahr.
- Die Zeit ist reif.

Bei der Methode PER-K® überprüfen wir die Überzeugungen, die wir im Unterbewusstsein glauben, durch den kinesiologischen Muskeltest. Damit sind wir auf der Ebene der 95%igen Wahrnehmung.

Unser Unterbewusstsein hat eine weit größere Kapazität als unser Bewusstsein, Infomationen zu sammeln und Gefahren zu erkennen. Schon bei der Vorstellung einer stressigen Situation ist es alarmiert. Alle Muskeln reagieren gleichzeitig, wenn Gefahr im Verzug ist, und lassen der automatischen Reaktion den Vorrang. Deshalb testen wir dann schwach. Auch wenn wir nicht die Wahrheit sagen, stresst das unser System.
Es braucht Mut, dahin zu schauen, da unsere bewusste Wahrnehmung mit unserer unterbewussten oft nicht übereinstimmt. Das Gute ist: Wir können das, was uns nicht gefällt, durch die Anwendung von PER-K® sofort verändern.

Nature Consultancy

Rob Williams, der Begründer von PER-K®, hat in Zusammenarbeit mit dem Zellbiologen Bruce Lipton, von dem unter anderem die Bestseller „Intelligente Zellen" und „Spontane Evolution" stammen, Überzeugungen entwickelt, die sich nach der Weisheit der Natur ausrichten. Wir sind davon überzeugt, dass die Natur uns auch in der Wirtschaft ein Vorbild sein und uns lehren kann. Enttäuschung und Disharmonie würden aus unserem Leben verschwinden und wir würden zufriedener und harmonischer leben, wenn wir uns nach Prinzipien der Natur ausrichteten. Jeder Aspekt unserer Existenz würde davon beeinflusst, wie z. B. unsere Gesundheit, unsere Beziehungen und auch unsere berufliche Identität (per-k.com).

Beispiele für Überzeugungen, die Prinzipien der Natur entsprechen:

Zusammenarbeit
- Der Erfolg anderer Menschen inspiriert mich.
- Ich arbeite gerne mit anderen zusammen, um Gruppenziele zu erreichen.
- Zusammenarbeit ist effektiver als Wettbewerb.

Anpassung
- Auf natürliche Weise passe ich mich Veränderungen in meiner Arbeitsumgebung an.
- Ich erkenne mit Leichtigkeit, wenn Veränderung notwendig ist, und akzeptiere und unterstütze sie mit Enthusiasmus.
- Ich vertraue meiner Kreativität und meinem Einfallsreichtum in Zeiten der Veränderung.

Verschiedenheit
- Ich wertschätze die Fähigkeiten und Ideen anderer Menschen, während wir gemeinsam nachhaltigen Erfolg erschaffen.
- Ich genieße es, mit Menschen mit verschiedenem Hintergrund und mit unterschiedlichen Meinungen zu arbeiten.
- Ich fühle mich sicher und kraftvoll, wenn ich mit anderen zusammenarbeite.

Balance
- Ich schaffe eine gute Balance zwischen meinem persönlichen und beruflichen Leben.
- Üblicherweise habe ich einen ausgewogenen Blick auf die Dinge.
- Ich respektiere und anerkenne die Unterschiede zwischen den Geschlechtern.

Ökologie
- Sorgsam berücksichtige ich die Auswirkung meiner Entscheidungen auf andere.
- Ich gehe mit anderen so um, wie ich mir wünsche, dass sie mit mir umgehen.
- Ich bin achtsam und respektvoll mit den Gefühlen anderer.

Diese Überzeugungen entsprechen einem Verhalten, das Tania Singer, die Neurowissenschaftlerin, erstrebenswert findet. „Man kann so etwas wie Dankbarkeit, Liebesfähigkeit und soziale Motivation schulen", da unser Wirtschaftssystem ja eigentlich „ein System von Menschen für Menschen ist". [5]

Ergebnisse

Und wie sieht es heute in der Firma aus, die ihre unterbewussten Überzeugungen in einem PER-K®-Workshop auf ihr Ziel, das neue Firmengebäude, Umzug und neue, stärkere Positionierung im Umfeld, ausgerichtet hat?

In einem Telefonat mit dem Geschäftsführer erhalten wir folgende Rückmeldung:
„Wir sind näher zusammengerückt, der Umgang ist ehrlicher miteinander. Es herrscht mehr Vertrauen, ich habe auch meinen Führungskräften das ‚Du' angeboten. Der Umgang mit Stress hat sich verändert. Ich selbst kann schnell wieder in die Balance kommen – obwohl es Schlag auf Schlag geht – mit der Whole-Brain-Haltung und mit Meditieren. Beides passt gut zusammen. Und meine Neugier darauf, das Unterbewusstsein zu erforschen, was da alles passiert, wurde geweckt."
Eine Führungskraft fügt hinzu:
„Meine Einstellung zum Projekt hat sich geändert, ist gesünder geworden. Ich bin vorsichtiger geworden und kann besser den richtigen Zeitpunkt für einen Vorschlag abwarten. Und ich fühle mich sehr sicher hinsichtlich meiner Kommunikation, ich kann besser zuhören und mir wird besser zugehört."

Fazit: Die Methode PER-K® ermöglicht Ihnen, mit Ihrem Unterbewusstsein zu kommunizieren, um Engpässe, die aus begrenzenden unterbewussten Überzeugungen bestehen, zu ermitteln und dann so zu verändern, dass sie mit Ihrem bewussten Wollen und Ihren Absichten übereinstimmen. So erreichen Sie anhaltend gesunde und erfolgreiche Verhaltensweisen – für das Unternehmen und für sich selbst –, die erfolgreiche Aktivitäten und Ergebnisse nach sich ziehen.

Literatur

[1] Robert M. Williams, per-k.com
[2] Tania Singer, Die ZEIT, Ausgabe 23, 2013, S. 30
[3] Jeffrey L. Fannin, Robert M. Williams, Neuroscience reveals the Whole Brain State and its application for International Business and Sustainable Success, The International Journal of Management and Business, Volume 3-1, August 2012
[4] Frederickson B.L & Losada, M.F., Positive affect and the complex dynamics of human flourishing, American Psychologist, 60, 2005
[5] Tania Singer, Die ZEIT, Ausgabe 23, 2013, S. 30

Jutta Kamensky

Gesundheitsmanagement – Training & Coaching

Jutta Kamensky ist freie Trainerin und Coach für psychologische Gesundheitsförderung, Beratungskompetenz und Motivation für Gesundheit. Sie engagiert sich in Unternehmen mit effektiven Maßnahmen in der betrieblichen Gesundheitsförderung mit Schwerpunkt psychische Gesundheit und berät Mitarbeiter, Führungskräfte und Gesundheitsbeauftragte im Gesundheitscoaching und in Train-the-Trainer-Seminaren.

Die Expertin für Genussfähigkeit und emotionale Kompetenz bietet eine eigene Ausbildung zum Genusstrainer an. Denn wer richtig genießen kann, besitzt eine wichtige Ressource zur Förderung von seelischem Wohlbefinden und zur Prävention von Stress und Burnout.

Durch ihre langjährige Tätigkeit in der Abteilung für Medizinische Psychologie an der Universität Ulm verfügt die Gesundheitswissenschaftlerin (MPH), Diplom-Oecotrophologin und Erwachsenenpädagogin über fundierte psychologische und psychotherapeutische Kenntnisse. Seit 20 Jahren führt sie dort den Lehrauftrag für die Fächer Arzt-Patient-Beziehung und Gesundheitspsychologie durch. Viel praktische Erfahrung mit Gesundheitsförderung und Therapie sammelte sie bei ihrer Arbeit in Krankenkassen, Rehabilitationskliniken und zahlreichen Projekten.

In ihren Vorträgen, Seminaren und Genuss-Events liegt ihr vor allem am Herzen: „Gesundheit braucht gute Gefühle und muss alltagstauglich sein."

www.jutta-kamensky.de

Gesundheit fördern im Betrieb – mit Genuss geht's leichter!

Sind die Mitarbeiter gesund, freut sich die Geschäftsleitung. Denn wer fit ist, bringt volle Leistung und steigert den Unternehmenserfolg. Der Chef kann sich entspannt zurücklehnen, und alles läuft fast wie von selbst.
Das hört sich doch richtig gut an. Die Frage ist nur: Wie bringen Sie die Mitarbeiter dazu, sich dauerhaft und begeistert um ihr persönliches Wohlbefinden zu kümmern?

Stellen Sie Ihren Mitarbeitern den richtigen Werkzeugkoffer für eine gesundheitsförderliche Lebensweise zur Verfügung, mit dem sie das vorhandene Wissen in die Tat umsetzen können. Entwickeln und stärken Sie darüber hinaus die nötigen psychosozialen Gesundheitsressourcen. Passen Sie die Angebote zur Verhaltensänderung individuell an die Mitarbeiter an, und nicht umgekehrt. Wenn Sie dann noch die zahlreichen Stellschrauben im Motivationsprozess gezielt und wirkungsvoll bedienen, erhält der Mitarbeiter genau die Unterstützung, die er braucht.
Ganz wichtig: Sorgen Sie dafür, dass die Mitarbeiter das Genießen wieder lernen. Echte Genießer beherrschen die Lebenskunst der Gelassenheit. Das ist die entscheidende Ressource auf dem Weg zu mehr Lebensqualität und Gesundheit.

Gesünder leben ist hartes Brot

Ein bisschen entspannen, ein paar Kilo abnehmen und mehr bewegen – das geht doch ganz einfach. Geht es nicht! Spätestens bei der nächsten Feier im Betrieb bestätigt sich das. Die Entscheidung zwischen duftendem Leberkäsebrötchen und Vollkornknäckebrot mit Frischkäse und Radieschen wird zur inneren Zerreißprobe. Zum Glück verschafft der gute alte Trott bald Erleichterung. Er verbannt den schönen Vorsatz vom gesunden Essen im Gehirn auf die hinteren Plätze. Und ehrlich: Im ersten Moment fühlt sich das gut an. Das schlechte Gewissen kommt erst ein wenig später, aber es kommt. Sofa oder Turnschuhe, Yoga oder Pflichterfüllung. Irgendwas spricht immer gegen die Arbeit an der eigenen Gesundheit. Zur Not schiebt man die Schuld auf den inneren Schweinehund.

Nichts ändern wirkt beruhigend

Was hält Menschen davon ab, ihr Gesundheitsverhalten zu ändern? Der Hang zum Selbstschutz und ein ausgeprägter Ordnungssinn. Scheinbar liefert die momentane, eher ungesunde Handlung mehr Vor- als Nachteile.

Alles beim Alten zu lassen bedeutet Risiken minimieren und Sicherheit maximieren. Es könnte ja sein, dass ... Vollkornbrot nicht schmeckt, Rückenschule zu Muskelkater führt und Sie vor lauter Entspannung das Arbeitspensum nicht mehr schaffen. Wenn Sie so bleiben wie Sie sind, dann ersparen Sie sich eventuell, dass die Kollegen in der Kantine Witze machen über Ihr Diätmenü. Zuhause im Fernsehsessel blamieren Sie sich kaum, wenn die Turnhose spannt. Jedes Verhalten stillt dringende Bedürfnisse und schützt vor negativen Gefühlen (Tabelle 1). Solange keine andere Strategie eine adäquate Befriedigung sicherstellt, greift man gerne auf Bewährtes zurück.

Verhalten	damit gestilltes Bedürfnis
Extra dicker Wurstbelag auf dem Brot	Selbstbestimmung, Lustgewinn
Rauchen	Beruhigung, Zugehörigkeit
Bewegungsmangel	Erholung, Harmonie
Stress	Anerkennung, Leistung, Respekt

Tabelle 1: Verhaltensweisen und damit gestillte Bedürfnisse

Gesundheit wird im Gehirn trainiert

Viele Handlungen leisten jahrelang treue Dienste. Sie sind vertraut, und man möchte sie nicht missen. Ist der Schokoriegel gegen Ärger erst einmal als Beruhigungsmethode etabliert, verfügt Ihr Gehirn bereits über ein ganz breites neuronales Netz dafür. Beim nächsten miesepetrigen Kunden läuft das Programm automatisch ab: Schublade auf, Süßigkeit raus. Im Stress geht das quasi in Turbo-Geschwindigkeit, weil das Oberstübchen bequem auf alte Muster zurückgreift. Rund sechs Monate dauert es, bis das Gehirn brauchbare neuronale Strukturen für ein alternatives Verhalten – Durchatmen statt Schokolade – aufgebaut hat. So lange müssten Sie üben, üben, üben.
Verhalten ändern braucht Mut, Zeit und Geduld, die mancher Mensch nicht aufbringen will oder kann oder nur befürchtet, dass es so ist. Erwarten Sie also nicht, dass die Mitarbeiter nach einem Gesundheitstag im Betrieb gleich begeistert ins Fitnesscenter laufen oder sich am Salatbüfett drängeln. Maßnahmen zur Gesundheitsförderung sollten langfristig angelegt und in den Arbeitsprozess integrierbar sein. Ansprüche runterschrauben und kleine Schritte wertschätzen, heißt die Devise.

Gefühle kurbeln die Motivation an

Gesünder leben geht selten auf Knopfdruck, das muss man richtig lernen. Am besten beginnen Sie mit der Analyse Ihres aktuellen Verhaltens: Was machen Sie da eigentlich, was Ihr Wohlbefinden beeinträchtigt? Sie bestimmen Ihr Ziel, planen den Weg dahin und dann könnte es theoretisch losgehen. Praktisch aber wartet jetzt die wichtigste Aufgabe des ganzen Unterfangens auf Sie: die Motivation zur Gesundheit.
In die Gänge kommen und dranbleiben ist ein vielschichtiger Prozess mit zahlreichen Stellgrößen. Als Impulsgeber für die Motivation dienen meist Bedürfnisse, die nach Befriedigung suchen. Sie geben die Richtung vor und machen sich in der Regel mit einem Gefühl oder einer körperlichen Reaktion bemerkbar. Hunger zeigt sich z.B. am knurrenden Magen, und mangelnde Anerkennung treibt die Zornesröte ins Gesicht. Der Wunsch nach innerer Zufriedenheit startet die Handlung – Sie essen oder liefern eine noch bessere Leistung ab. Allein die Vorfreude auf gute Gefühle aktiviert das Belohnungszentrum im Gehirn. Es schüttet den Neurotransmitter Dopamin aus, das versetzt Sie in Bewegung und erhöht Ihr Durchhaltevermögen. Emotion und Motivation sind wie ein altes Ehepaar. Keiner kann ohne den anderen. Positive Emotionen verleihen Zielen die entsprechende Zugkraft und helfen dabei, Rückschläge besser zu verkraften.

Die Buchhaltung muss stimmen!

Die Aussicht auf Erfolg bringt den Stein der Motivation ins Rollen. Dazu sollten Sie prüfen, ob sich Ihr Vorhaben lohnt und Sinn macht. Bei der Verhaltensänderung verhält sich das genauso wie im Unternehmen. Sie brauchen eine Kosten-Nutzen-Rechnung. Listen Sie deshalb zu Beginn ganz genau auf, welchen Gewinn Sie erwarten und welche Kosten auf Sie zukommen. Dabei könnten Ihnen folgende Fragen helfen:

- Wozu wollen Sie gesünder werden?
- Welchen Sinn könnte es haben, wenn Sie sich gesünder verhalten?
- Was wäre Ihr Gewinn: Mobilität, Schönheit, Ausgleich, Selbstwert?
- Welche Kosten kämen auf Sie zu: Verzicht, Anstrengung, Zeitaufwand, Mut?
- Sind Sie bereit, diese Kosten auf sich zu nehmen?
- Was spricht dafür (Pro) und was spricht gegen (Contra) das neue Verhalten?

Finetuning für die Motivation

Die Auswahl der passenden Motivationsstrategie hängt neben dem attraktiven Nutzen von diversen Einflüssen und Wirkmechanismen ab, die mit dem Gesundheitsverhalten verbunden sind. Sie sind im sozial-kognitiven Prozessmodell gesundheitlichen Handelns dargestellt (Schwarzer, 2004) (Abbildung 1).

Im Zentrum des facettenreichen Geschehens steht die Bildung einer Absicht – auch Intention oder Vorsatz genannt. Das Modell zeigt deutlich, dass Disziplin und Willenskraft alleine nicht reichen, um den ganzen Änderungsprozess zu durchlaufen. Die Motivation steht und fällt damit, wie man über sein persönliches Gesundheitsprojekt denkt und ob man ein realistisches Ziel formulieren kann. Organisationstalent ist sehr hilfreich, ebenso wie die Fähigkeit, seine Gefühle im Griff zu haben.

Für die individuelle Förderung ist zudem von Bedeutung, wo Sie oder der veränderungswillige Mitarbeiter im Prozess stehen.

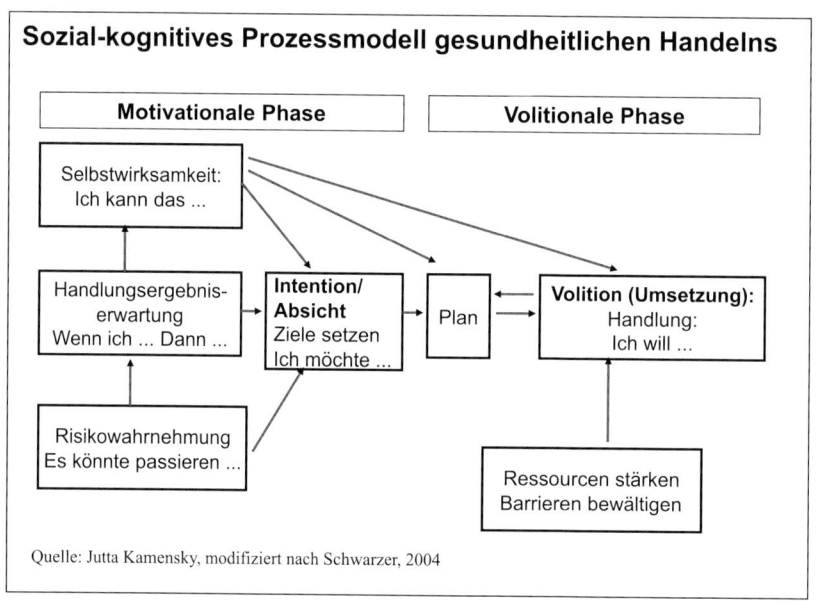

Abbildung 1: Sozial-kognitives Prozessmodell gesundheitlichen Handelns.
Jutta Kamensky, modifiziert nach Schwarzer (2004)

Auf die richtige Einstellung kommt es an

In der ersten Phase, der Motivationsphase, liegt der Fokus auf den gesundheitsförderlichen Einstellungen. Nur wenn diese positiv ausfallen, kommt es überhaupt zur Bildung einer Absicht für die Verhaltensänderung. Fragen Sie sich, wie Sie über Ihr Risiko zu erkranken denken (Risikowahrnehmung), und bewerten Sie das Ergebnis Ihrer Handlungen (Handlungsergebniserwartung). Die wichtigste Einstellung ist die Selbstwirksamkeit, da sie den Erfolg im ganzen Motivationsprozess beeinflusst. Eine hohe Selbstwirksamkeitserwartung drückt aus: Sie sind davon überzeugt, selbst etwas für Ihre Gesundheit tun zu können. Vorhandene Kompetenzen, Stärken, frühere Erfolgserlebnisse und Talente fallen hier entscheidend ins Gewicht. Rückendeckung und ein gutes Vorbild fördern zusätzlich die Selbstwirksamkeit und stärken die Zuversicht.

Gesundheitsförderliche Einstellungen:

- Risikowahrnehmung: „Ich befürchte, mein Bewegungsmangel wird schlimme Folgen für meine Bandscheiben haben."
- Handlungsergebniserwartung: „Wenn ich mich regelmäßig bewege, wirkt sich das günstig auf meinen hohen Blutdruck aus."
- Selbstwirksamkeitserwartung: „Ich bin mir sicher, ich kann kleine Pausen einlegen, auch wenn der Arbeitsanfall enorm ist."

So wecken Sie die Motivation

Manche Menschen stecken in der Phase des Abwägens fest und können sich nicht entscheiden. Es geht nichts vor und nichts zurück und die Zweifel wachsen. Sie benötigen Rückmeldung zum persönlichen Risiko, z.B. durch Informationsblätter, Gesundheitstage, Vorträge oder Schnupperworkshops. Gleichzeitig sollten innere Kraftquellen und Ressourcen gestärkt werden. Sie brauchen mehr Zuversicht und das Gefühl, dass sie die Verhaltensänderung schaffen können. Wird der Prozess in kleine Veränderungsschritte aufgeteilt und stellen sich erste Erfolge ein, wächst das Selbstwertgefühl. Die Selbstwirksamkeit steigt, wenn frühere gelungene Bewältigungsstrategien thematisiert und Stärken aktiviert werden.

Legen Sie fest, wohin die Reise geht

Ziele steigern dann die Motivation, wenn sie als Annäherungsziel formuliert sind („Ich esse mehr Gemüse." anstatt „Ich nasche weniger Schokolade.") und zu 100 Prozent unter der eigenen Kontrolle stehen. Ein detailliertes, inneres Bild vom Ziel erhöht die Ausdauer und hält in Krisenzeiten bei Laune.

Wünsche in Taten überführen

Ist das Ziel festgelegt und fällt das Abwägen zwischen den gesundheitsförderlichen Einstellungen zugunsten des neuen Verhaltens aus, folgt die Entscheidung. Sie formulieren eine Absicht: „Ich möchte nicht mehr rauchen." Die Absicht geht in der zweiten Phase des Motivationsprozesses in eine Handlung über: „Ich werde nicht mehr rauchen." Dieser Zeitraum steht ganz im Zeichen der Organisation. Jetzt geht es ans Planen des neuen Verhaltens sowie der Strategien zum Umgang mit möglichen Schwierigkeiten. Legen Sie genau fest: Wann mache ich was, wo, mit wem und wie lange. Mit der nötigen Willenskraft handeln Sie so, wie Sie es sich vorgenommen haben. Soziale Unterstützung privat, im Team oder durch den Chef gilt als wichtige Ressource für das Durchhaltevermögen und eine hohe Selbstwirksamkeit.

Instrumente für den Notfall vorbereiten

Ein kluges Hürdenmanagement überbrückt Motivationstiefs. Es gibt Zeiten, da droht Ihr Vorhaben zu scheitern. Dafür sollten Sie entsprechend gewappnet sein. Schwierigkeiten brauchen einen Plan und exakte Vorbereitung. Überlegen Sie sich in Ruhe, wie Sie im Ernstfall reagieren könnten. Wenn Sie z.B. keine Lust zum Sport haben, dann suchen Sie sich Mitstreiter. Optimistische innere Selbstgespräche („Ich habe schon viel erreicht und werde das weiterhin prima meistern.") beflügeln, untermauern die Zuversicht und steigern das Selbstwertgefühl.

Doping für die Willenskraft

Wer trotz guter Absicht und einem perfekten Plan dennoch nicht in die Gänge kommt, braucht eine Portion Willenskraft. Sie ist besonders dann wichtig, wenn der innere Schweinehund mit dem neuen Verhalten konkurriert. Jetzt müssen alle Kräfte mobilisiert werden, um sich selbst zu überwinden. Das kostet viel Energie, die nicht immer zur Verfügung steht. Effektiver wirkt die Methode der Selbstüberlistung. Dazu tragen Sie sich z. B. einen festen Termin für Ihre Entspannungsübung in den Kalender ein und halten diese „persönliche Verabredung" unbedingt ein. Regelmäßig zur gleichen Zeit und am gleichen Ort durchgeführt, entwickelt sich das neue Verhalten so zur Gewohnheit, und bald läuft alles wie von selbst. Meistens schwindet die Lust zur Verhaltensänderung in Zeiten von Unzufriedenheit oder Überlastung. Da hilft nur eins: Arbeiten Sie an Ihrem Gefühlsmanagement. Denn gut gelaunt wirft einen so schnell nichts aus der Bahn, und das Gehirn bleibt flexibel für die Lösung des Problems.

Tankstellen für die Verhaltensänderung

Ein bisschen entspannen, mehr Gemüse essen und regelmäßig bewegen hat es in sich. Die Arbeit am Wohlbefinden kostet Kraft, erfordert viele Kompetenzen und die ernsthafte Auseinandersetzung mit sich und dem Umfeld. Ihr gesunder Lebensstil belohnt Sie aber auch reichlich. Sie ernten Vitalität, werden leistungsfähiger, mobiler und vielleicht auch noch attraktiver. Lebensfreude und -qualität nähren sich aus inneren und äußeren Kraftquellen, den psychosozialen Ressourcen. Der Glaube an die eigene Selbstwirksamkeit, ein starkes Selbstwertgefühl, der Blick auf das Gute, ein attraktives Ziel, sinnstiftende Tätigkeiten und ein stabiles Netzwerk erleichtern die Verhaltensänderung und sichern langfristig den Erhalt Ihrer Gesundheit.

Die Hauptrolle auf der Bühne einer gesunden Lebensweise spielen die guten Gefühle. Sie sind der entscheidende Faktor, wenn es darum geht, die täglichen Anforderungen gelassen zu bewältigen. Echte Genießer wissen das, denn sie sind Experten für Wohlfühlmomente.

Genießen lernen ist Pflichtprogramm

Eine selbstfürsorgliche Grundhaltung stellt die Verhaltensänderung auf eine solide Basis und untermauert die Verantwortung für das persönliche Wohlbefinden. Der Weg dahin führt über die Genussfähigkeit.

Genuss ist alles, was der Seele gut tut, und erschließt sich über die Sinnesorgane. Wohltuende Augenblicke wie der Duft einer frischen Tasse Kaffee oder der Blick in den strahlend blauen Frühlingshimmel wirken erholsam und ausgleichend. Genießen-Können versetzt Sie in die Lage, selbst für Ihre persönliche Zufriedenheit einzutreten. Das stärkt die Autonomie und macht handlungsfähig (Koppenhöfer, 2004; Kamensky, 2013). Genießer haben ein Gespür für ihre Bedürfnisse und einen zuverlässigen Zugang zu positiven Emotionen, der im Stress häufig verstellt ist.

Gebrauchsanleitung für Genuss

Genießen kann man lernen, so wie Fahrrad fahren. Es geht nicht auf die Schnelle und schon gar nicht nebenbei. Gute Gefühle brauchen Entwicklungszeit und einen Boden, auf dem sie aufblühen können. Dabei helfen die sieben Genuss-Empfehlungen.

1. Nehmen Sie sich Zeit zum Genuss!

Echter Genuss benötigt nur eine kleine, aber bewusste Auszeit. Es geht nicht darum, zwei Stunden spazieren zu gehen oder einen Abend im Biergarten zu verbringen. Die kurzen

Genussmomente – über den Tag verteilt – bereichern den Alltag länger und mit viel mehr Energie als die seltenen, großen Aktivitäten. Schauen Sie sich um: Wie lange dauert es, bis Ihnen am Arbeitsplatz etwas Angenehmes ins Auge fällt oder Sie einen guten Duft in der Nase haben?

2. Erlauben Sie sich Genuss!
Manche Menschen haben Lebensregeln, die im Kopf zu Genussverboten heranwachsen: „Erst die Arbeit, dann das Vergnügen" oder „Müßiggang ist aller Laster Anfang". Fleißig arbeiten und zwischendurch eine Viertelstunde pausieren, schließt sich nicht aus. Beides darf nebeneinander existieren. Geben Sie sich aktiv die Erlaubnis, jetzt ein paar Minuten für Ihr Wohlbefinden zu nutzen.

3. Genießen Sie voll und ganz und nicht nebenbei!
Bei allem Respekt vor Ihrem Multitasking-Talent: Genuss kommt am besten zur Geltung, wenn Sie Ihre ungeteilte Aufmerksamkeit auf diese eine angenehme Sache richten. Gleichzeitig werden unangenehme Gedanken automatisch ausgeblendet.

4. Genießen Sie, was, wann, wo und wie Sie wollen!
Genuss ist Geschmackssache. Nehmen Sie sich die Freiheit und suchen Sie sich Ihre ganz persönlichen Genüsslichkeiten heraus. Was Ihnen wann, wie und an welchem Ort gut tut, bestimmen Sie selbst.

5. Genießen Sie weniger, weil das mehr ist!
Die Qualität und nicht die Menge bestimmt den Genuss. Genießen heißt, das Besondere in den Mittelpunkt zu stellen. Zu viel des Guten stumpft die Sinne ab und erhöht die Reizschwelle für gute Gefühle. Aber ein bisschen was geht immer und vor allem immer exklusiv.

6. Sammeln Sie Genuss-Erfahrungen!
Sinnliche Erfahrungen gibt es in jeder Winzigkeit, und die gilt es aufzuspüren. Konzentrieren Sie sich auf die Nuancen und erleben Sie, welcher Reichtum an Wohlfühlmomenten in einer kleinen Genüsslichkeit steckt.

7. Entdecken Sie Genüsse im Alltag und im Betrieb!
Genuss braucht keine großartigen Ereignisse mit Seltenheitscharakter. Das Genussglück lauert an jeder Ecke. Es sind die kleinen Dinge, die Freude bereiten, immer und überall. Machen

Sie sich auf die Suche nach Genussmomenten in Ihrem Büro, auf dem Weg zur Arbeit oder in der Mittagspause.

Schaffen Sie einen genüsslichen Rahmen für die Gesundheit
Betriebliche Gesundheitsförderung kann in Projekten, Seminaren oder im Gesundheits-Coaching einen wertvollen Beitrag für das Wohlbefinden leisten. Das klappt aber nur, wenn das Umfeld stimmt. Eine gesunde Unternehmenskultur, bei der gesunde Führung selbstverständlich ist, macht nicht nur Maßnahmen glaubwürdiger. Sie signalisiert den Mitarbeitern auch, dass ihre Gesundheit der Führungsspitze wirklich am Herzen liegt. Der Gesundheit zuliebe sollten alle an einem Strang ziehen. Für die guten Gefühle denken Sie bitte an ein angenehmes Betriebsklima. Anerkennung beflügelt die Motivation zur gesunden Lebensweise und ist eine echte Genuss-Oase für Chef und Mitarbeiter.

Literatur:
Kamensky, J. (2013): Genusskartei – Methoden zum Genießen lernen. Karteikasten mit Methodenkartei und Begleitheft. URL: http://www.suessefacts.de/suessefacts.de/multiplikatoren/genusskartei1
Koppenhöfer, E. (2004): Kleine Schule des Genießens. Pabst Science Publishers, Lengerich
Schwarzer, R. (2004): Psychologie des Gesundheitsverhaltens. Einführung in die Gesundheitspsychologie. 3. überarb. Auflage. Hogrefe Verlag, Göttingen

Bernt Klein
M. A. Bildungsmanagement und Dipl.-Bw. (FH)

Bernt Klein studierte nach einer kaufmännischen Berufsausbildung und einer mehrjährigen beruflichen Tätigkeit in den Bereichen Marketing und Personalmanagement Betriebswirtschaftslehre an der Hochschule Heilbronn. 1998 wagte er während des Studiums den Schritt in die Beratungstätigkeit. Anschließend erfolgten ein berufsbegleitendes Kontaktstudium im Bereich Erwachsenenpädagogik und ein Masterstudium im Bereich Bildungsmanagement am Institut für Bildungsmanagement der Pädagogischen Hochschule Ludwigsburg.

Seit 1998 ist Bernt Klein als Unternehmensberater, Trainer und Coach in den Bereichen Marketing, Projektmanagement und Unternehmenskommunikation tätig. Er ist weiterhin Fachgutachter für Bildungsprojekte sowie Leiter des Geschäftsbereichs „Nachhaltige Bildung" am Deutschen Institut für Nachhaltige Entwicklung e. V. (DINE e. V.) der Hochschule Heilbronn. Außerdem unterstützt er in Trainings- und Beratungsprojekten Unternehmen in der Implementierung von Projektmanagementstrukturen sowie in der Gestaltung der internen und externen Unternehmenskommunikation.

Bernt Klein gibt sein Wissen hinsichtlich unternehmerischer Abläufe in Lehraufträgen an zahlreichen Hochschulen und Universitäten sowie der FOM Hochschule für Oekonomie & Management gGmbH weiter.

www.train-i.de
www.dine-heilbronn.de

Nachhaltigkeitsprojekte initiieren, planen und steuern

Begriff der Nachhaltigkeit

Nachhaltigkeitsmanagement ist in großen Unternehmen mittlerweile zum Standard geworden. In kleinen und mittleren Unternehmen (KMU) hingegen mangelt es häufig an freien Kapazitäten, um das Thema anzugehen. Dabei bietet das Thema Nachhaltigkeitsmanagement einige Vorteile für kleine und mittelständische Unternehmen.

Aber was bedeutet der Begriff der Nachhaltigkeit überhaupt?

Die Ursprünge des Nachhaltigkeitsgedankens finden sich, so zahlreiche Fachbücher, insbesondere in der Forstwirtschaft des 18. Jahrhunderts. Es handelte sich seinerzeit um die Überlegung, wirtschaftliche Interessen mit dem Bereich Natur in Einklang zu bringen.[1]

Im Duden wird der Begriff als „längere Zeit anhaltende Wirkung" definiert. Weiterhin werden hier aber auch die Definitionen der Forstwirtschaft (forstwirtschaftliches Prinzip, nach dem nicht mehr Holz gefällt werden darf, als jeweils nachwachsen kann) sowie der Ökologie (Prinzip, nach dem nicht mehr verbraucht werden darf, als jeweils nachwachsen, sich regenerieren, künftig wieder bereitgestellt werden kann). Wobei die Begriffsbestimmung des Dudens sicherlich mit dazu beiträgt, dass der Begriff im Allgemeinen als ein Ökologischer Begriff verstanden wird.[2]

In der aktuellen Betrachtung des Nachhaltigkeitsbegriffes geht es jedoch um eine differenziertere Betrachtungsweise. So haben sich in den aktuellen Ansätzen die drei Säulen

- Ökonomie,
- Ökologie und
- Soziale Verantwortung

etabliert. Dabei steht die Vereinbarkeit dieser drei Säulen im Fokus. Diese Betrachtung wirkt branchenübergreifend und lässt sich in großen Unternehmen sowie in kleinen und mittelständischen Unternehmen umsetzen.

Aus den drei Säulen der Nachhaltigkeit lässt sich auch ein entsprechendes Zieldreieck definieren. Die Beziehungen der Zielgrößen können dabei einer Zielharmonie, einer Zielneutralität und einem Zielkonflikt folgen. Maßnahmen zur Förderung der Ökologie können beispielsweise auch gleichzeitig positive Wirkungen in Bezug auf die Wirtschaftlichkeit des Unternehmens haben. Allerdings kann eine „Abspeckung" der Firmenwagenflotte zu einer Demotivation der Mitarbeiter führen (Zielkonflikt) während eine Reduktion des CO_2-Austosses zu einer Verbesserung der Kostensituation führen kann (Zielharmonie). Anderseits kann aber auch kein Zusammenhang bestehen. So wirkt sich eine Maßnahme zur Förderung der Mitarbeitermotivation nicht zwingend auf die Ökologie bzw. die Ökonomie des Unternehmens aus.

Das Zusammenwirken der einzelnen Zielgrößen bestimmt den Nachhaltigkeitsgedanken.

Normen für Nachhaltigkeit

Zahlreiche Institute schaffen Systeme zur Gestaltung und Umsetzung der Nachhaltigkeit in Organisationen. Unter anderem entwickelt das Deutsche Institut für Nachhaltige Entwicklung e. V. Prüfsysteme und ein einheitliches Siegel für nachhaltiges Wirtschaften, um für Verbraucher nachhaltige Produkte und Dienstleistungen zu kennzeichnen und transparent zu kommunizieren. Nachhaltiges Wirtschaften wird dabei durch ökonomische, ökologische und soziale Faktoren gemessen und bewertet.[3]

Zahlreiche Normen beziehen sich allerdings im Wesentlichen auf die Bereiche Ökologie- und Energiemanagement. Hier lediglich eine exemplarische Auswahl bereits etablierter Systeme:

- DIN ISO 26000 „Leitfaden zur gesellschaftlichen Verantwortung"
- EMAS und DIN 14001
- Corporate Social Responsibility
- Sustainability Balanced Scorecard
- OECD Leitsätze für multinationale Unternehmen[4]

Mittlerweile gibt es auch zahlreiche Aktionen und Initiativen, um das Thema Nachhaltigkeit im Kontext einer gesellschaftlichen Unternehmensverantwortung umzusetzen. Corporate Social Responsibility (CSR) wird bereits stark vonseiten der Europäischen Union und der Bundesregierung vorangetrieben. Vonseiten der Bundesregierung reicht das Engagement von der Definition einer Nachhaltigkeitsstrategie für Deutschland über die Formulierung von Handlungsfeldern und der Gestaltung von CSR-Aktivitäten der einzelnen Ministerien bis hin zur Definition einer nationalen Strategie zur gesellschaftlichen Verantwortung von Unternehmen.[5]

Interessant sind insbesondere die Möglichkeiten der Förderung von kleinen und mittleren Unternehmen durch den Europäischen Sozialfonds (ESF) im Rahmen des Programms „Gesellschaftliche Verantwortung im Mittelstand".[6] Hier werden auch die Schwellenwerte zur Abrenzung von kleinen und mittleren Unternehmen definiert. Demnach gelten laut EU-Richtlinie 2003/361/EG folgende Schwellenwerte:

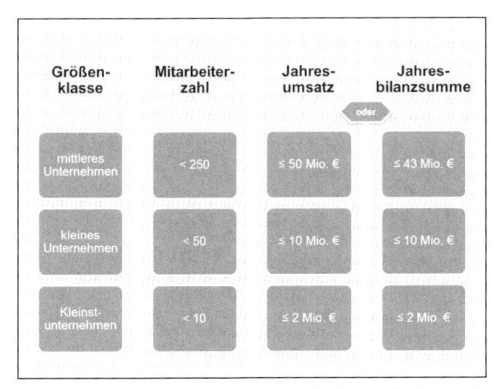

Größenklasse	Mitarbeiterzahl	Jahresumsatz	Jahresbilanzsumme
			oder
mittleres Unternehmen	< 250	≤ 50 Mio. €	≤ 43 Mio. €
kleines Unternehmen	< 50	≤ 10 Mio. €	≤ 10 Mio. €
Kleinstunternehmen	< 10	≤ 2 Mio. €	≤ 2 Mio. €

Abbildung 1: EU-Schwellenwerte für kleine und mittlere Unternehmen

Warum Nachhaltigkeitsmanagement?

Grundsätzlich sollte Nachhaltigkeitsmanagement aus Überzeugung betrieben werden. Allerdings gibt es auch ein paar weitere Synergien, die sich aus einem systematisch betriebenen Nachhaltigkeitsmanagement ergeben.
Nachhaltigkeitsmanagement dient verschiedenen Zielgruppen:

Banken bzw. Kreditgeber
Durch die Schaffung von Transparenz im Unternehmen ist die Zusammenarbeit mit Kreditinstituten bei der eventuellen Finanzierung von Unternehmensvorhaben sehr vorteilhaft. Unternehmen, die ein gutes Image haben, die mit zufriedenen Mitarbeitern zusammenarbeiten und deren Kunden gerne wiederkommen, haben es bei der Kreditvergabe wesentlich leichter als andere Unternehmen.

Gesellschaft
Nicht nur der Kunde alleine ist für das Image des Unternehmens von Bedeutung. Insbesondere die Gesellschaft prägt das Bild eines Unternehmens. Werte und Normen eines Unternehmens werden durch die Gesellschaft beobachtet und bewertet. Die Kommunikation über

den verantwortungsvollen Umgang mit Mitarbeitern, der Umwelt und Partnern des Unternehmens liefert auch in Bezug auf die Gesellschaft positive Effekte.

Inhaber/Gesellschafter

Für die Shareholder (Anteilseigner) eines Unternehmens liefert ein systematisches Nachhaltigkeitsmanagement zum einen ein transparentes Informationssystem, zum anderen die ökonomischen Vorteile, dass Prozesse optimiert sind und somit weniger Verschwendung stattfindet. Eine verbesserte Effizienz führt also auch dazu, dass die Eigentümer das Unternehmen für attraktiv halten und somit weiterhin ihre finanziellen Mittel dem Unternehmen zur Verfügung stellen.

Kunden

Nachhaltigkeitsmanagement bietet zunächst einmal die Möglichkeit, sich und das Unternehmen ins rechte Licht zu rücken und entsprechend das Image des Unternehmens zu gestalten. Der Kunde weiß, dass er mit einem fairen und verantwortungsbewussten Partner zusammenarbeitet. Weiterhin bietet das Thema Nachhaltigkeit gerade für kleine und mittlere Unternehmen die Möglichkeit (zumindest noch), ein Alleinstellungsmerkmal aufzubauen und somit einen entscheidenden Wettbewerbsvorteil zu generieren.

Lieferanten

Mithilfe eines systematischen Nachhaltigkeitsmanagements wird die Partnerschaft mit dem Lieferanten gefestigt und durch die Transparenz der Prozesse in der gesamten Lieferkette integriert und sichergestellt.

Mitarbeiter

Die Mitarbeiter fühlen sich in ihrer Wertigkeit geschätzt und finden Arbeitsbedingungen vor, die dazu führen, dass die Fluktuation gesenkt werden kann. Aber auch die Motivation der Mitarbeiter wird gefördert und führt dazu, dass weniger Ausschuss produziert wird und die Mitarbeiter aktiv die Kultur des Unternehmens mitgestalten können.

Staat

Im Rahmen von bereits erwähnten staatlichen Förderinitiativen bzw. Wettbewerben und Aktionen bieten staatliche Organisationen teilweise Fördergelder und Steuersparvorteile für Unternehmen, die ihrer gesellschaftlichen Verantwortung nachkommen. Das Bundesamt für Wirtschaft und Ausfuhrkontrolle (BAFA) bietet eine gute Übersicht hinsichtlich Fördermöglichkeiten.[7]

Nachhaltigkeit und Unternehmenskommunikation

Selbstverständlich sollte jedes Unternehmen, das Nachhaltigkeitsmanagement aktiv betreibt, auch darüber kommunizieren. Schließlich ist das ehrliche Interesse an einer lebenswerten Umwelt für uns und die nachfolgenden Generationen ein wesentlicher Bestandteil des nachhaltigen Handelns. Vorsicht ist hierbei jedoch geboten, wenn die Unternehmenskommunikation nicht ehrlich wirkt bzw. wenn Inhalte kommuniziert werden, die nicht der Realität entsprechen.

Das sogenannte „Greenwashing" führt in aller Regel dazu, dass das Image des Unternehmens in Mitleidenschaft gezogen und somit auch das Vertrauen der Anspruchsgruppen verloren wird.

Das Bundesministerium für Umwelt, Naturschutz und Reaktorsicherheit (BMU) empfiehlt in seiner Veröffentlichung „Nachhaltigkeitsberichterstattung - Empfehlungen für eine gute Unternehmenspraxis" folgende Inhalte für einen Nachhaltigkeitsbericht:[8]

Profil des Unternehmens
Ähnlich wie im Unternehmensleitbild sollten hier Tätigkeitsgebiet und Grundausrichtung des Unternehmens formuliert sein. Weiterhin sollten Angaben zum Geschäftsbericht und zum Produktportfolio des Unternehmens erkennbar sein.

Aussagen zur Strategie und zum Management
Hier sollte eine klar formulierte Positionierung des Unternehmens und des Managements erfolgen. In dieser strategischen Ausrichtung sollen die Grundsätze des verantwortungsbewussten Umgangs des Unternehmens in Bezug auf Umwelt und Gesellschaft deutlich werden. Weiterhin empfiehlt sich eine Aussage hinsichtlich vorhandener bzw. angestrebter Management- bzw. Umweltzertifizierungen. In der Empfehlung des BMU geht es auch um die Gestaltung der Kommunikation mit den Stakeholdern des Unternehmens.

Umweltschutz im Unternehmen
In den Empfehlungen des BMU wird hier zunächst zwischen den betrieblichen und den produktbezogenen Aspekten des Umweltschutzes unterschieden. Hier soll die Entwicklung der Umweltleistung der vergangenen Jahre dokumentiert und erläutert werden.

Mitarbeiter des Unternehmens
Wird die Verantwortung des Unternehmens in Bezug auf die Mitarbeiter betrachtet, dann

findet hier besonders der Bereich der Personalentwicklung seinen Rahmen. Hier sollen unternehmensweite Programme und Maßnahmen zur Arbeitssicherheit, zum Gesundheitsschutz sowie zur Aus- und Weiterbildung berücksichtigt werden. Maßnahmen zur Gleichstellung von Mann und Frau, der Integration von Beschäftigten unterschiedlicher Nationen und von Minderheiten sollen ebenfalls berücksichtigt werden.

Umgang mit Kunden
Das Unternehmen sollte Informationen bereitstellen, damit die Kunden erkennen können, welche Stoffe eingesetzt werden und wie in der Produktion bzw. der Gestaltung von Dienstleistungen verfahren wird. Auch der Umgang mit Kundeninformationen und -anforderungen sollte hier definiert werden.

Umgang mit Lieferanten
Anforderungen, die das Unternehmen in Bezug auf das Nachhaltigkeitsmanagement an Lieferanten stellt, und die Überlegung, wie die Einhaltung bestehender Anforderungen durch das Unternehmen überprüft wird, sollten hier berücksichtigt werden.

Verantwortung gegenüber der Gesellschaft
Der verantwortungsvolle Umgang mit der Gesellschaft sollte durch das Unternehmen ebenfalls dokumentiert werden. Hierzu zählen Angaben zur Einhaltung von Normen und Gesetzen, das Thema der Korruptionsvermeidung sowie Lobbyarbeit und die Teilnahme an Nachhaltigkeitsinitiativen. Weitere freiwillige Leistungen des Unternehmens können hier auch berücksichtigt werden.

Ökonomische Größen
Auch die mittel- bis langfristig geplanten wirtschaftlichen Größen des Unternehmens sind zu erfassen. D. h. es soll geklärt werden, welche Perspektiven sich ergeben und wie der Unternehmenserfolg auch für die Zukunft gesichert werden kann. Auch die Erfolg sichernde Differenzierung vom Wettbewerber wird hier berücksichtigt.

Ziele und Maßnahmen
Hier sollen Ziele definiert werden und daraufhin konkrete Maßnahmen abgeleitet werden, die die wesentlichen Handlungsfelder des Nachhaltigkeitsgedankens betreffen. Ziele sollten dabei quantifiziert und somit messbar gemacht werden.

Ansprechpartner und Kontaktangaben
Grundsätzlich empfiehlt es sich, einen Mitarbeiter zu benennen, der mit den entsprechenden Kontaktdaten als Ansprechpartner für Fragen bzw. Vorschläge zur Verfügung steht.

Nachhaltigkeitsprojekte im Unternehmen initiieren und umsetzen

Zunächst sollte gerade der Schritt, ein Nachhaltigkeitsmanagement zu implementieren, wohl überlegt sein. Auf gar keinen Fall sollte hier ein Schnellschuss erfolgen. Kleine Schritte, die zeigen, dass die Idee mit dem Nachhaltigkeitsgedanken ernst gemeint ist, können auch losgelöst von dem eigentlichen Nachhaltigkeitsprojekt umgesetzt werden.

Ohne Überzeugungsarbeit und Bildung geht es nicht. Der Nachhaltigkeitsgedanke muss formuliert und so transportiert werden, dass alle Beteiligten erkennen, was es bringt und warum es notwendig ist. Die Mitarbeiter sollten i. d. R. bereits vor der eigentlichen Durchführung des Projektes hinsichtlich des Nachhaltigkeitsgedankens in Schulungsveranstaltungen bzw. Workshops für das Thema sensibilisiert werden. Wichtig ist dabei die Akzeptanz des Nachhaltigkeitsgedankens. Dies gelingt am besten, wenn jeder Mitarbeiter für sich erkennen kann, was ihm das Thema Nachhaltigkeit bringt.

Zur Schaffung von entsprechenden Strukturen eignen sich zahlreiche Phasenmodelle des Projektmanagements. Bevor das Projekt „Nachhaltigkeitsmanagement" allerdings auf den Weg gebracht werden soll, muss eine grundlegende Situationsanalyse durchgeführt werden. Hierzu sollte das weitere Vorgehen, wie bei Projekten üblich, in verschiedene Phasen eingeteilt werden.[9]

Definition
Im Rahmen der Definitionsphase sollte zunächst eine Analyse der Ausgangssituation erfolgen. Weiterhin sollten die genauen Ziele definiert werden, die mit dem Nachhaltigkeitsmanagement verbunden sind. Es sollte ein zeitlicher Rahmen festgelegt werden und das Budget sollte klar definiert sein. In einem Projektauftrag werden dann die besprochenen Ziele festgehalten. Auch die Teammitglieder müssen definiert werden. Wer kommt im Unternehmen für ein solches Projekt infrage? Nachdem das Team bestimmt wurde, kann geklärt werden, wie das Projekt in die bestehende Unternehmensstruktur eingegliedert wird. In den meisten Fällen bietet sich hier das Einfluss-Projektmanagement an. Sind diese Rahmenbedingungen für das Projekt geklärt, kann es mit dem Kick-off (Projektstart) losgehen.

Planung
Die Planungsphase dient dazu, die wesentlichen Punkte bereits im Vorfeld festzulegen. Hierzu gehören die Definition der Arbeitspakete sowie die Erstellung einer Struktur des Projektes. Wenn die Struktur für das Projekt festgelegt wurde, dann folgt die Zeitplanung. Mithilfe der Projektablaufplanung kann jetzt ein zeitliches Gerüst für die Implementierung eines Nachhaltigkeitsmanagements erstellt werden. Aber auch die Ressourcenplanung, die Kostenplanung, die Qualitätsplanung sowie die Risikoplanung müssen berücksichtigt werden.

Durchführung
Die festgelegten Pläne müssen im nächsten Schritt in die Tat umgesetzt werden. Wichtig ist es dabei zu klären, wie die Dokumentation erfolgen soll. Schließlich soll auch künftig auf die Erfahrungen des Projektes zurückgegriffen werden.

Abschluss
Der Abschluss ist dann erreicht, wenn ein systematisches Nachhaltigkeitsmanagement umgesetzt und in den betrieblichen Ablauf gebracht wurde. In dieser Phase werden die Ergebnisse gesichert und es wird überlegt, was aus dem Projekt gelernt werden kann. Es erfolgt eine Abschlussbesprechung und es wird ein Abschlussbericht erstellt.

Chancen und Risiken für KMUs

Grundsätzlich ergeben sich, wie bei allen unternehmerischen Entscheidungen, Chancen und Risiken, bei der Umsetzung von Vorhaben im Bereich Nachhaltigkeitsmanagement. Im Folgenden werden exemplarisch ein paar dieser Chancen und Risiken aufgeführt.

Chancen
Nachhaltigkeitsmanagement bietet dem Unternehmen die Möglichkeit, etwas für eine lebenswerte Umwelt zu tun. Aber auch die Möglichkeit, sich somit ein Alleinstellungsmerkmal zu verschaffen und sich damit vom Wettbewerber abheben zu können, stellt eine Chance dar. In Bezug auf den Kunden kann das Unternehmen auf diese Weise seine Wettbewerbsstellung festigen und auch entsprechend das Image des Unternehmens beeinflussen. Zahlreiche staatliche Förderinitiativen bieten gerade für KMUs die Möglichkeit der Finanzierung von Maßnahmen im Bereich Nachhaltigkeit. Nicht zuletzt schafft ein systematisches Nachhaltigkeitsmanagement Transparenz hinsichtlich unternehmerischer Abläufe und kann somit dazu beitragen, die Effizienz im Unternehmen verbessern.

Risiken

Ein großer Aspekt dürfte der anfallende Aufwand sein. Gerade in KMUs ist es schwer, Mitarbeiter für ein solches Vorhaben einzusetzen. Schnell wird auch der vordefinierte Kostenrahmen des Nachhaltigkeitsmanagements zur Kostenfalle. Außerdem besteht auch die Gefahr, dass man sich in der Unternehmenskommunikation ungeschickt darstellt und das Bemühen somit als Alibifunktion („Greenwashing") wahrgenommen wird.

Und? Wann legen Sie mit Ihrem Nachhaltigkeitsprojekt los?

Quellenverzeichnis

[1] Vgl. Grundwald, A.; Nachhaltigkeit - Eine Einführung, Campus-Verlag, Frankfurt/New York 2012
[2] Quelle: http://www.duden.de/rechtschreibung/Nachhaltigkeit
[3] Vgl. www.dine-heilbronn.de
[4] Vgl. www.din.de, www.emas.de, www.ec.europa.eu; www.bundesregierung.de, www.oecd.org
[5] Vgl. www.csr-in-deutschland.de; www.bundesregierung.de; www.nachhaltigkeitsrat.de
[6] siehe auch www.esf.de
[7] siehe auch: www.bafa.de
[8] Vgl. Bundesministerium für Umwelt, Naturschutz und Reaktorsicherheit (BMU), Nachhaltigkeitsberichterstattung - Empfehlungen für eine gute Unternehmenspraxis, 2009
[9] In Anlehnung an: www.lehrerfortbildung-bw.de

Literaturverzeichnis

Bundesministerium für Umwelt, Naturschutz und Reaktorsicherheit (BMU) Hrsg., „Nachhaltigkeitsberichterstattung - Empfehlungen für eine gute Unternehmenspraxis, Berlin, 2009
Grober, Ulrich: „Die Entdeckung der Nachhaltigkeit", Verlag Antje Kunstmann, München 2010
Grunwald, Armin und Kopfmüller, Jürgen: „Nachhaltigkeit - eine Einführung", 2. aktualisierte Auflage, Campus-Verlag, Frankfurt/New York 2012

Onlinequellen
Bibliographisches Institut GmbH Dudenverlag: www.duden.de
Bundesamt für Wirtschaft und Ausfuhrkontrolle: www.bafa.de
Bundesministerium für Arbeit und Soziales: www.csr-in-deutschland.de
Bundesregierung: www.bundesregierung.de
Deutsches Institut für Nachhaltige Entwicklung e. V. (DINE e. V.): www.dine-heilbronn.de
DIN Deutsches Institut für Normung e. V: www.sr.din.de
Europäische Kommission: www.ec.europa.eu
Europäischer Sozialfonds für Deutschland: www.esf.de
Landesakademie für Fortbildung und Personalentwicklung an Schulen: www.lehrerfortbildung-bw.de
Organisation for Economic Co-operation and Development (OECD): www.oecd.org
Rat für nachhaltige Entwicklung: www.nachhaltigkeitsrat.de
Umweltgutachterausschuss (UGA) beim Bundesministerium für Umwelt, Naturschutz und Reaktorsicherheit: www.emas.de

Jan-Torsten Kohrs

Diplom-Pädagoge (Univ.)
Unternehmensberater, Trainer, Business-Moderator

Jan-Torsten Kohrs ist geschäftsführender Gesellschafter von methodium, der Unternehmensberatung für Bildungsmanagement, Seminardesign und Seminarplanung in Stuttgart. Seit vielen Jahren ist er als Trainer für Soft Skills und Projektmanagement bei diversen Firmen und an Hochschulen tätig. Darüber hinaus hat er an methoden-kartothek.de mitgewirkt, dem Multimedia-Tool zur kreativen Planung von Seminaren, Kursen und Fortbildungen. Dieses Instrument setzt er auch im Rahmen seiner Train-the-Trainer-Seminare ein.

Ein weiteres Standbein ist die auf Prozess- und Änderungsmanagement spezialisierte squadra Consulting GmbH, in der er ebenfalls als geschäftsführender Partner tätig ist. Neben der Geschäftsführung arbeitet er seit über 10 Jahren kontinuierlich in IT-Entwicklungsprojekten als Geschäftsprozess-Analyst mit. In dieser Rolle war er maßgeblich an der Entwicklung und am Rollout einer Workflow-Software für das Produkt-Änderungsmanagement bei der Daimler AG beteiligt.

www.methodium.de
www.squadra-gmbh.de

Die Führungskraft als Moderator

Ineffektive Besprechungen verhindern – eine Führungsaufgabe

Der Erfolg von Unternehmen hängt unmittelbar vom Teamwork der Mitarbeiter ab. Maßgeblich ist der effektive Austausch in der Gruppe – der in der Regel in Besprechungen oder Arbeitsgruppen stattfindet. Dort werden, je nach Einstellung, Arbeitsergebnisse und Produktivität generiert oder vernichtet.
Denn wer kennt nicht Meetings oder Workshops, in denen Einzelne mit ihren Monologen gelangweilt haben oder man nur über unwesentliche Punkte gesprochen hat? In denen man keine Chance hatte, die eigenen Anliegen einzubringen?
Und wie verhält es sich mit dem Aspekt der Angemessenheit? Ist so viel Workshop für so wenig Ergebnis erforderlich?

Ineffektive Besprechungen sind frustrierend, deshalb setzt man auf Sitzungsleiter und Moderatoren. „Moderation" meint dabei nicht nur allgemein die Leitung von Gruppen, sondern ist vielmehr ein Sammelbegriff für eine klar strukturierte Arbeitsweise, zu der Methoden wie die Kartenabfrage, Punkte-Voting, Brainstorming gehören. Diese Methoden sollen sicherstellen, dass man in angemessener Zeit zu guten Ergebnissen kommt.

Wer sich selbst schon an der Moderation von Gruppen versucht hat, kann bestätigen: Das ist eine herausfordernde Aufgabe und führt auch starke Persönlichkeiten an ihre Grenzen. Auch deshalb gehören Moderationsmethoden zum Repertoire der Aus- und Weiterbildung von Führungskräften. Allerdings wird in diesen Fortbildungen und in entsprechenden Ratgeberbüchern häufig die gebotene „inhaltliche Neutralität" und möglichst geringe inhaltliche Beteiligung des Moderators beschworen. Oder gar, dass man im Idealfall nicht selbst moderieren soll, sondern am besten externe Moderationsprofis beauftragt.
Eine nicht sehr praxisnahe Empfehlung: Moderatoren „einzukaufen" ist teuer. Wenn überhaupt, dann kommt das nur bei Workshops mit fundamentalen oder kritischen Themen infrage.

Das eigene Team moderieren – eine besonders schwierige Aufgabe

Gänzlich unüblich wird externe Moderation „im Kleinen", d. h. zum Beispiel bei alltäglichen Arbeitsbesprechungen. Hier wird die Leitung meist zur Aufgabe der Führungskraft. Im Gegensatz zum externen Moderator ist die Führungskraft (oder auch ein Teammitglied, das die Moderatorenrolle übernimmt) sehr wohl inhaltlich beteiligt. Und dadurch ist ein Rollenkonflikt eigentlich schon vorprogrammiert.

- Durch die inhaltliche Beteiligung am Thema gilt die Führungskraft nicht als neutrale Instanz und wird als Moderator nicht akzeptiert.
- Die Gruppe redet dem Chef nach dem Mund oder traut sich nicht, unangenehme Aspekte anzusprechen.
- Es „menschelt": Einstellungen und Positionen der Teammitglieder sind bekannt und hemmen eine unbefangene Moderation.
- Das eigene Zielbild steht im Kopf bereits fest und erschwert es, neutral zu bleiben.

Das eigene Team zu moderieren, scheint unter diesen Gesichtspunkten kaum noch möglich. Die gute Nachricht: Es kann trotzdem funktionieren!

Allerdings erfordert die Doppelrolle von Führungskraft und Moderator aus drei Gründen eine besonders gründliche Auseinandersetzung mit der methodischen Vorgehensweise.

Grund 1: Es ist Führungsaufgabe, für Ergebnisse zu sorgen!

Es ist ganz einfach: Ohne Leitung einer Sitzung gibt es kein gesichertes Ergebnis, und dafür sind Sie als Führungskraft verantwortlich. Es ist Ihre Aufgabe als Moderator, sicherzustellen, dass allen Beteiligten jederzeit klar ist, „wohin die Reise geht". Ergebnisse müssen in klarer, nachvollziehbarer und eindeutiger Form gesichert werden.

Tipp: Nehmen Sie als Führungskraft die Aufgabe aktiv an!
Verschaffen Sie sich einen Überblick über die verschiedenen Methoden zur Visualisierung von Arbeitsergebnissen und zur Ergebnissicherung. Probieren Sie ruhig auch mal etwas Neues aus!!!

Grund 2: Es ist Führungsaufgabe, die Mitarbeiter einzubinden!

Sowohl bei Fach- als auch bei Organisationsthemen sind Überblick und Weitsicht mehr gefordert, als die tiefe inhaltliche Auseinandersetzung. Führung bedeutet heute in erster Linie die Einschätzung und Abstimmung von Experten-Fachmeinungen.
Bei Entscheidungen, die sich direkt auf Ihr Team auswirken, ist die Einbindung der Mitarbeiter besonders wichtig – ganz egal, ob es um strategische Festlegungen oder die Ausgestaltung des Umzugs in ein neues Bürogebäude geht.
Nicht immer ist dabei die Berücksichtigung aller Meinungen der einfache Weg, grundsätzlich führt aber ein Mehr an Partizipation auch zu einem Mehr an Identifikation. „Verordnete"

Konzepte machen Ihre Mitarbeiter zu Betroffenen, gemeinschaftlich erstellte Maßnahmen und Initiativen hingegen zu Beteiligten – das wirkt sich positiv auf die Motivation aus.

Tipp: Meinungen und Positionen müssen nicht immer erst am Termin eingebracht werden. Verschaffen Sie sich einen Überblick über geeignete Moderationsmethoden, auch zur Meinungsabfrage im Vorfeld. Auch viele der klassischen Kreativitätstechniken sind als Gruppenmethode geeignet und fördern die Mitarbeit!

Grund 3: Methodische Sicherheit sorgt für Gelassenheit.

Als Moderator sollte man einen kühlen Kopf behalten können! Übersicht ist gefragt, gerade wenn es heiß hergeht und kontrovers diskutiert wird. Dabei Gelassenheit auszustrahlen, fällt nicht immer leicht.
Als Moderator sind Sie auf die Möglichkeit zur Ad-hoc-Reaktion angewiesen. Um in kritischen und belastenden Gruppensituationen den Überblick zu behalten, müssen Sie Methoden kennen und sicher anwenden können.
Erst Handlungssicherheit führt zu Gelassenheit!

Tipp: Übung macht den Meister! Wenden Sie die Moderationsmethode zur Übung auch auf Meetings an, die unkritisch sind.

Auf dem Weg zu einer erfolgreich moderierten Besprechung sind für Führungskräfte zusätzliche, ganz besondere Fallstricke aufgestellt! Wenn Sie diese umgehen können, dann werden Ihre Arbeitsbesprechungen mit großer Sicherheit erfolgreich verlaufen – und das hilft sowohl dem Erfolg Ihres Unternehmens als auch der Motivation Ihrer Mitarbeiter.

Fallstrick 1:
„Wir haben keine Zeit, ich pick mir nur die wichtigen Phasen raus!" –
Wenn nicht alle Phasen im Moderationsprozess berücksichtigt werden.

Moderation ist eine definierte Methode und kann mit einem festgelegten Fahrplan verglichen werden. Die hier genannten Phasen finden sich in unterschiedlicher Ausprägung in allen Formen des organisierten Teamworks wieder.
„Wie soll ich denn das alles in meinem kurzen Termin unterbringen?" ist in diesem Zusammenhang eine häufig gestellte Frage. Der Wunsch nach einem beschleunigten Vorgehen ist nachvollziehbar, es ist aber jede einzelne Phase bedeutsam!

Phase	Was passiert?	Typische Fragen der Teilnehmer/ Gefahren, wenn auf diese Phase verzichtet wird	Was also tun, insbesondere bei Besprechungen?
Einladung	Die erforderlichen Teilnehmer werden zum Termin eingeladen.	Keiner kommt zum Termin.	Der Teilnehmerkreis, der Zeitrahmen und das Ziel der Besprechung müssen aus der Einladung hervorgehen.
Warm-up/ Einstieg	Die Teilnehmer der Besprechung werden begrüßt. Man stellt sich vor. Der Grund der Zusammenkunft wird dargelegt. Die Agenda wird aufgezeigt. Organisatorische Unklarheiten werden geklärt.	„Was soll ich hier?" „Wer ist der da drüben?" „Warum darf der hier mitreden?" „Müsste nicht auch Herr Meier hier sein?" „Das Thema trifft ja überhaupt nicht unseren aktuellen Bedarf." ...	Kennt sich die Arbeitsgruppe bereits, dann kann auf die Vorstellung verzichtet werden. Diese Phase kann unter Umständen sehr kurz sein und sich in einem einzigen Satz erledigen, ausgelassen werden sollte sie nie!
Sammeln	Es gibt keine inhaltlichen Agendapunkte, aber eine Problemstellung: Zu bearbeitende Themen werden zusammengetragen oder es gibt bereits inhaltliche Agendapunkte: Zu bearbeitende Ideen und/oder Themen werden vorgestellt und ggf. ergänzt.	„Wir reden ja sowieso nicht über das Richtige." „Da hat man wieder mal vergessen, was gerade relevant ist." „Meine Probleme werden hier wohl nicht diskutiert."	Bei Besprechungen steht häufig schon im Vorfeld fest, über was gesprochen werden soll. Das Sammeln und Auswählen wird in diesem Fall häufig in einem Schritt erfolgen. Zu bedenken ist jedoch: Einer überfrachteten Agenda wird man aber nicht Herr, indem man die Aufnahme weiterer Punkte blockiert. Wenn es ein Thema gibt, das den Teilnehmern unter den Nägeln brennt, dann wird die Auseinandersetzung mit anderen Punkten sehr schwerfallen.
Auswählen	Die gesammelten Themen werden priorisiert. Hoch priorisierte Punkte werden vorrangig bearbeitet.	„Jetzt fangen wir wieder mit dem Falschen an." „Das, was wir jetzt bearbeiten werden, ist doch völlig irrrelevant."	
Bearbeiten	Ausgewählte Themen werden bearbeitet, d. h. es werden Ursachen, Herangehensweisen, Einflussfaktoren usw. gesammelt und priorisiert. Dies muss nicht unbedingt im Plenum geschehen, es ist auch möglich, die Themen parallel zu bearbeiten. Die Ergebnisse werden im Plenum vorgestellt.	„Mir geht es gerade zu schnell." „Ich habe noch gar nicht verstanden, worin das Problem liegt." „Wir haben das Thema doch noch gar nicht erörtert." „Ich sehe da völlig andere Ursachen, aber das interessiert ja keinen."	Die Bearbeitungsphase ist wichtig, weil hier die aktuellen Problemstellungen detailliert erörtert und visualisiert werden. Das ist die Grundlage dafür, dass sich alle eingebunden fühlen und im nächsten Schritt bereit sind, Verantwortung für Maßnahmen zu übernehmen. Maßnahmen sind das Herzstück der Moderation. Der komplette Prozess zielt darauf ab, in dieser Phase konkrete Handlungen und Schritte festzuhalten.
Entscheiden und planen	Ist die Bearbeitung eines Themas abgeschlossen, gilt es, Maßnahmen abzuleiten.	„Jetzt haben wir viel geredet, aber machen tun wir ja doch nichts."	
Abschließen	Diese Phase dient neben einem gemeinsamen Abschluss dazu, einen Ausblick auf das nächste Treffen zu geben und das Verfahren zu reflektieren.	„Und wie geht es jetzt weiter?" „Wann sehen wir uns wieder?" „Ich hätte gerne noch gesagt, dass ich das heute eine sehr fruchtbare Runde fand."	Ein gemeinsamer Abschluss rundet Besprechungen ab. Das Zeitfenster für den Ausblick ist wichtig, um bei den Teilnehmern keine Unklarheiten über die nächsten Schritte aufkommen zu lassen.

Formulieren Sie in jedem Fall ein klares Ziel für die Besprechung oder den Workshop. Verdeutlichen Sie z. B. zum Start des Workshops die Problemstellung. Machen Sie deutlich, dass es bei einem feststehenden Ziel um die gemeinsame Festlegung des Weges geht und nicht um die Diskussion des Ziels.

Existieren die berühmten „Vorgaben von oben", dann zeigen Sie diesen begrenzenden Faktor klar auf. Es ist nicht günstig, dies erst in der offenen Diskussion oder Sammlungsphase anzubringen. Bringen Sie solche Aspekte bei der Darstellung der Problemstellung oder direkt vor dem Wechsel zur konkreten Maßnahmenplanung in die Runde ein.

Fallstrick 3:
„Ich sag mal zuerst, was ich davon halte." –
Wenn die Meinung des Moderators andere Beiträge beeinflusst.

„Wes Brot ich ess, des Lied ich sing" - dieser alten Volksweisheit nach zahlt es sich aus, dem Arbeitgeber nach dem Munde zu reden. Der dynamische Gruppenprozess wird nur dann ein sinnvolles und tragfähiges Ergebnis liefern, wenn die Beteiligten nicht einfach die Beiträge der Führungskraft nachplappern. Und genau diese Gefahr besteht, wenn die Führungskraft als Moderator inhaltlich mitdiskutiert.

Das Phänomen begrenzt sich dabei nicht nur auf bloßes Beipflichten oder Reproduzieren der Führungskraft-Beiträge: In einer anderen Ausprägung werden kritische Gedanken zu den Beiträgen der Führungskraft einfach nicht geäußert oder Mitarbeiter versuchen, sich als besonders kritisch, mutig und reflexiv zu inszenieren, indem sie sich besonders kritisch zu den Beiträgen der Führungskraft äußern.

Was kann ich tun, um nicht über diesen Fallstrick zu stolpern?
„Muss ich mich als Führungskraft denn jetzt völlig raushalten, darf ich mich denn inhaltlich nicht äußern?" Natürlich dürfen und sollen Sie das auch als Führungskraft, denn auch Sie sind Teil des Teams!
Wichtig ist es aber, die Wirkung Ihrer als Führungskraft getätigten Aussage zu erkennen! Denn dann liegt die Lösung fast schon auf der Hand: Als inhaltlich beteiligter Moderator halten Sie Ihren Beitrag bis zum Ende der Moderationsphase zurück. Es ist gut denkbar, dass der inhaltliche Beitrag, den Sie beisteuern wollen, direkt aus der Gruppe kommt. Falls nicht, kann man diesen zum Abschluss einer Phase problemlos ergänzen.

Das gilt nicht nur für inhaltliche Beiträge in der Diskussion und auf Moderationskarten, sondern auch bei Methoden wie der Punktabfrage: Der inhaltlich beteiligte Moderator klebt zuletzt!

**Fallstrick 4: „Das können wir sowieso nicht machen." –
Wenn Beiträge ausgeschlossen oder gewertet werden.**

Am Ende einer Besprechung stehen Ergebnisse, in Form von Aufgaben, Festlegungen und To-do-Listen. Diese Ergebnisse stellen die Essenz der Besprechung dar!
Im Prozess werden die relevanten Punkte und Themen gesammelt und bearbeitet. Im Rückblick werden sich dabei nicht alle eingebrachten Beiträge als gleichermaßen wertvoll herausstellen. Unrealistische, humorvolle oder zynische Beiträge sind im Gruppenprozess ganz normal. Denkbar sind beispielsweise auf Moderationskarten eingebrachte Äußerungen wie „Chefs alle rausschmeißen", „Gehalt verdoppeln", „Einzelbüros statt Großraumbüro". Wenn Sie als Führungskraft sicher sind, dass es für den Vorschlag keine Realisierungschance gibt, wollen Sie Beiträge dieser Art vielleicht aussortieren. Doch auch wenn dieses begründet erfolgt: Durch Aussortieren werten Sie Beiträge, und zwar in einer eindeutig negativen Art!
Die Folge: Die Bereitschaft, sich am Prozess zu beteiligen, wird sinken. Vielleicht sortieren Sie einen Beitrag aus, der lediglich unglücklich oder wenig präzise formuliert war. Der Mitarbeiter, der diesen Beitrag geliefert hat, wird sich eventuell nicht trauen, gegen den Chef zu argumentieren, und in der Folge womöglich zu einem widerspenstigen und frustrierten Diskussionsteilnehmer werden.

Was kann ich tun, um nicht über diesen Fallstrick zu stolpern?
Die Lösung liegt in der Frage: „Was bringt das Aussortieren?" Die Antwort: Nichts. Die Gruppe wird im Laufe der Bearbeitung diese Beiträge so oder so angemessen berücksichtigen.
„Was schadet das Aussortieren?" Es kann schaden. Auch zynische Beiträge sind bedeutsam - zum Beispiel als ein Ventil für aufgestauten Ärger. Ein Aussortieren stellt immer eine Einschränkung einer individuellen Meinungsäußerung dar - ganz egal ob es aus subjektiven Bewertungsgesichtspunkten des Moderators oder auf Anregung der Gruppe erfolgt.
Deshalb: Keine Aussortierung - das schadet. Es kommt alles so wie rückgemeldet an die Wand - das schadet nicht.

Fallstrick 5: „Ich verfolge die Diskussion jetzt seit 20 Minuten. Jetzt muss ich dazu auch mal was sagen!"
Wenn unklar ist, ob als Führungskraft oder als Moderator gesprochen wird.

Nicht nur Sie als Moderator, auch Ihre Mitarbeiter können es nicht ignorieren, dass Sie auch eine Rolle als Führungskraft haben! Diese lässt sich nicht komplett ausblenden. Schwierig wird das immer dann, wenn dem Team unklar ist, ob gerade in der Rolle Führungskraft oder in der Rolle Moderator gesprochen wird.
Als Moderator ist es völlig legitim, Interventions-Fragen zu stellen, die der Gruppe im Prozess helfen können, oder auf vereinbarte Gesprächsregeln zu verweisen. Dies darf sich jedoch nicht mit dem Aspekt der weisungsbefähigten Führungskraft vermischen.

Was kann ich tun, um nicht über diesen Fallstrick zu stolpern?
Hilfreich ist es, die Rolle zu Beginn des Workshops zu klären („Ich bin heute in Doppelfunktion als Moderator und Führungskraft/Teammitglied hier"). Gehen Sie offen mit dem Rollenkonflikt um und machen Sie die Herausforderung dem Team bewusst („Ich versuche mich dabei auf die Rolle als Moderator zu beschränken. Das ist für mich herausfordernd, und wenn unklar ist, ob ich gerade als Teammitglied spreche oder als Moderator, dann fragt bitte nach, in welcher Rolle ich gerade unterwegs bin.").

Zusätzlich unterstützen können Sie die Rollentrennung durch klare Hinweise („Ich spreche jetzt nicht in meiner Rolle als Moderator, sondern als Teammitglied"). Ebenfalls hilfreich: Bewegung im Raum. So können Sie sich bei Beteiligung an inhaltlichen Diskussionen ganz bewusst zur Gruppe setzen, als Moderator hingegen stehen Sie vor Ihrem Team. Auch diese Überlegungen können Sie bedenkenlos mit der Gruppe teilen („Immer wenn ich mich hier zu euch setze, dann bin ich nicht der Moderator, sondern beteilige mich auch inhaltlich.")

Fallstrick 6:
„Die Karte hat doch der Peter geschrieben." –
Wenn das Versprechen auf Anonymität nicht eingelöst wird.

In der Sammlungsphase des Moderationsprozesses können Punkte/Beiträge auch anonym eingebracht werden. Dies ist gerade bei kritischen Themen wichtig, da man so das ganze Spektrum der Befindlichkeiten erfassen kann. Doch gerade bei Anwesenheit der Führungskraft ist Offenheit nicht immer gegeben. Anonymes Vorgehen, z. B. Rückmeldungen auf Karten, kann hier helfen.

Allerdings wird die angestrebte Anonymität oft durch methodische Fehler aufgelöst. Unterschiedlich farbige Stifte und Karten lassen Rückschluss auf den Schreiber zu („Karl, du hattest doch den roten Stift, wie hast du diesen Punkt denn gemeint?").
Karten werden in der Reihenfolge, in der sie eingesammelt werden, angepinnt („Die letzten fünf Punkte waren alle von Peter"), bei Fragen der Leserlichkeit oder Unklarheit wird gezielt beim vermuteten Schreiber nachgefragt („Das kann ich nicht lesen. Von wem ist denn diese Karte?"). Das Versprechen, sich anonym in den Prozess einbringen zu können, wird so nicht eingelöst!

Was kann ich tun, um nicht über diesen Fallstrick zu stolpern?
Bei Kartenabfragen sollten Sie sicherstellen, dass alle mit dem gleichen Material arbeiten. Verwenden Sie also identische Karten und nur eine Stiftfarbe.
Bleiben Sie beim Einsammeln der Karten geduldig und warten Sie, bis alle fertig sind, bevor Sie die Karten verdeckt einsammeln. Auch wenn die Versuchung groß ist: Die Karten erst dann sichten, wenn alle fertig sind.
Oder Sie stellen einen Stuhl als „Sammelstelle" in die Mitte des Raums. Dort können Sie auch einen Stapel leerer Karten platzieren, falls die ausgeteilten Karten nicht ausreichen sollten. Mischen Sie den Kartenstapel vor der Bearbeitung unbedingt durch.
Vermeiden Sie direkte Rückfragen, die Aufschlüsse über den Schreiber zulassen.

Zum guten Schluss: Just do it – denn der schlimmstmögliche Fehler besteht darin, sich nicht an Moderation heranzuwagen!

„Wenn man so viel falsch machen kann, dann lasse ich das ganze Moderationsbrimborium am besten einfach weg, oder?" Wenn Sie so denken, dann laufen Sie in den kapitalsten Fallstrick! Mit den Mitarbeitern zu diskutieren und diese aktiv in die Prozesse einzubinden, wird heute von Führungskräften erwartet. Sorge vor Kontroll- oder Autoritätsverlust brauchen Sie nicht zu haben – im Gegenteil. Gerade durch einen partnerschaftlichen und partizipativen Führungsstil erreicht man Akzeptanz bei den Mitarbeitern. Die Moderationsmethode bringt dabei viele Vorteile, auch und gerade wenn Sie die offene Diskussion mit Ihren Mitarbeitern eigentlich eher anstrengend finden:

- Der „Phasenmodell-Fahrplan" bietet Ihnen eine feste Struktur, mit der die Planung und Durchführung von Besprechungen und Workshops leicht von der Hand geht.
- Das Methoden-Handling lässt sich lernen und üben, man muss sich darauf nur einlassen.
- Die Gruppendynamik kann man im Rahmen der Moderation gut im Griff behalten. Es ist eher zu befürchten, dass die Dinge „außer Kontrolle" geraten, wenn Sie keine methodischen Leitplanken vorsehen.

Deshalb gilt: Trauen Sie sich! Erschließen Sie sich in Seminaren oder über Bücher die Möglichkeiten, die die Moderationsmethode bietet, und probieren Sie aus! Sie werden merken, dass der zielgerichtete Einsatz der Methoden ein Produktivitäts- und Motivationsbooster ist! Wenn Sie zusätzlich die oben genannten Tipps beherzigen, dann steht einer erfolgreichen Moderation fast nichts mehr im Wege!

Ingo Leipner
Diplom-Volkswirt und Journalist

Feine Nuancen oder starke Argumente – Ingo Leipner findet für Sie die richtigen Worte. Seine Textagentur EcoWords steht für die Themen: Nachhaltigkeit, Ökonomie/Ökologie oder Erneuerbare Energie. Hier eine Auswahl der Medien, in denen seine Texte regelmäßig erscheinen: Frankfurter Rundschau, Berliner Zeitung, forum Nachhaltig Wirtschaften, energiezukunft oder Wirtschaftsmagazin econo.

Ingo Leipner bietet einen umfassenden Service, wenn es um optimale Texte geht: Interviews und Features, PR, Web-Texte oder Corporate Wording. Bei ihm kann jeder lernen, wie Redakteure ticken - und gute Texte für Medien entstehen (Workshops, Webinare, Tagesseminare).

Nebenberuflich arbeitet er als Dozent an der Dualen Hochschule Baden-Württemberg (DHBW), u. a. im Studiengang „Digitale Medien", wo er journalistisches Schreiben unterrichtet. Vorher war er Wissenschaftlicher Mitarbeiter an der Forschungsstätte der Evangelischen Studiengemeinschaft (Arbeitsgruppe „Nachhaltige Entwicklung").

www.ecowords.de

Feilen an Worten

Wie Sie in der interaktiven Schreibwerkstatt lernen, optimal fürs Internet zu schreiben.

Warum eine interaktive Schreibwerkstatt?

Stellen Sie sich den Leser als Freund vor, mit dem Sie ein Gespräch führen. Sie wollen überzeugen und unterhalten, wobei Emotionen nicht fehlen dürfen. Wie begeistern Sie Ihren Freund – und damit Ihren Leser? Durch eine präzise Sprache, die auf den Punkt kommt und Freude am geschriebenen Wort weckt.

Das gilt für Internet und Print. Daher lernen die Teilnehmer in der Schreibwerkstatt, wie sie für beide Welten gute Texte entwerfen. Hinzu kommt: Wer die Eigenarten des Internets kennt, verpackt seine Botschaft noch besser, weshalb Abschnitt 2 einen Einblick gibt, wie sich Leser am Bildschirm verhalten. Abschnitt 3 zeigt ausführlich Tricks und Kniffe, wie Sprache besser fließt - und der Leser bei der Stange bleibt!

Für ihre Schreibwerkstatt hat die Textagentur EcoWords eine interaktive Methode entwickelt: Jeden Schritt gehen die Teilnehmer selbst, indem sie ein sprachliches Problem diskutieren, sich alternative Formulierungen überlegen und die Ergebnisse in einer Feedback-Schleife verbessern. Das garantiert einen hohen Lernerfolg.

Lesen am Bildschirm

„How Users Read on the Web? They don't."[1] Schon 1997 kam Jacob Nielsen zu dieser Erkenntnis. Das heißt für die Praxis: Leser verhalten sich vor dem Bildschirm ganz anders, als wenn sie eine Zeitung aufschlagen.

Usability-Forschung bestätigt diesen Befund: Neue Geräte führen dazu, dass User zum Lesen viel weniger Text ausdrucken; 60 Prozent lesen öfter direkt am Bildschirm (Smartphones, Tablets). Dabei sind neue Textformen entstanden, etwa Status-Meldungen bei Facebook. Der Unterschied zu Print-Produkten ist deutlich:

- In sechs bis acht Sekunden entscheiden User, ob sie auf einer Website bleiben oder weiterklicken.
- Die Lesegeschwindigkeit sinkt am Bildschirm um 25 bis 30 Prozent.
- Gerade 16 Prozent aller User lesen einen Text wirklich zu Ende.
- Die Rezeption der Inhalte ist flüchtig, nur 50 Prozent eines Textes werden bewusst gelesen.
- Text ohne Scrollen wird bevorzugt.

Darauf muss sich jeder einstellen, der erfolgreich fürs Netz schreiben will. Ein paar Maßnahmen: Die Texte sollten sich leicht scannen lassen. Ein Leser muss mit wenig Aufwand wesentliche Abschnitte, Informationen oder Keywords identifizieren können. Dabei helfen Fett- oder Kursivsatz, verschiedene Schrifttypen oder -farben. Kleine Zwischenüberschriften (Subheadlines) sollten aussagekräftig und präzise sein; Aufzählungszeichen (Bullets) gliedern Informationen in leicht verständliche Listen.[2]

Wie bei der klassischen Nachricht gilt häufig das Prinzip der „umgekehrten Pyramide": Wesentliche Informationen gehören an die „Spitze" eines Online-Beitrags. Details lassen sich im laufenden Text schrittweise entfalten, damit ein Redakteur den Beitrag von hinten kürzen kann.

Interaktive Schreibwerkstatt

Teaser locken Leser

Das englische Wort „to tease" bedeutet „reizen" oder „necken". Im Online-Journalismus sollen kurze Teaser den Nutzer zum Weiterklicken reizen.

Folgende Ausgangssituation: Die Teilnehmer der Schreibwerkstatt stellen sich vor, sie arbeiten in der PR-Abteilung von „Apple Deutschland". Gerade hat der Konzern die neue Spracherkennungssoftware „Siri" entwickelt. Jetzt ist ein Online-Text zu schreiben, aus dem „iPhone Benutzerhandbuch"[3] stammt eine erste Vorlage. Es sind die ersten Sätze dieser Gebrauchsanweisung.

Vorlage: „iPhone Benutzerhandbuch"

„Siri hilft Ihnen beim Erledigen von Aufgaben. Sie brauchen nur danach zu fragen. Sie können Siri bitten, jemanden anzurufen, ein Unternehmen und Wegbeschreibungen zu finden, Erinnerungen und Termine zu planen, das Internet zu durchsuchen, einen Text zu verfassen und vieles mehr."

Kommentar: Wie wirkt dieser Text? Nüchtern, einfallslos und ohne Spannung, weil er nur aus einer Aufzählung von technischen Fähigkeiten besteht. Eben eine Gebrauchsanweisung.

Verbesserte Version: Teaser

Ein Smartphone, das wie ein Mensch denkt? Apple ist seit Oktober auf dem Weg zu diesem Ziel – mit seiner neuen Software „Siri", die zum Plaudern mit dem „iPhone 4S" einlädt. Diese Software versteht auch Sätze, die nicht eindeutig sind. Eine kleine Revolution in der Spracherkennung. (Mehr)

Kommentar: Dieser Text weckt Erwartungen, baut Spannung auf. Er provoziert mit der Analogie zum menschlichen Denken – und verspricht eine „kleine Revolution". Eine Einladung zum Weiterklicken!

Online-Aspekt: Wenige Zeilen, viel Mühe! Es lohnt sich, für den Teaser Zeit zu investieren. Denn er soll Leser für den Text gewinnen. Das gelingt, wenn er nicht alles verrät – und der Leser weiterklicken muss, um die gewünschten Informationen zu erhalten.

Aktiv schreiben

Die Teilnehmer analysieren jetzt eine weitere Textstelle (in diesem Beitrag immer die linke Spalte der folgenden Tabellen):

Fiktive Vorlage	Verbesserte Version
„Morgen um 14.00 Uhr Termin mit Max Müller" – eine konventionelle Software wird durch diese Anweisung in die Irre geführt, weil sie zu einer Interpretation des Wortes „morgen" nicht in der Lage ist. Hingegen wird mithilfe einer semantischen Analyse der Inhalt der Anweisung geklärt, wodurch der Termin korrekt im Kalender vermerkt werden kann. Das wird auch beim Wetterbericht möglich gemacht. Die Frage „Regnet es morgen?" wird von Siri sofort verstanden.	„Morgen um 14.00 Uhr Termin mit Max Müller" – diese Anweisung führt eine konventionelle Software in die Irre, weil sie das Wörtchen „morgen" nicht interpretieren kann. Ganz anders bei Siri: Eine <u>semantische Analyse</u> sorgt für Verständnis, und der Termin landet korrekt im Kalender. **Wie wird das Wetter?** Das geht auch beim **Wetterbericht:** „Regnet es morgen?" ist eine Frage, die Siri sofort versteht.
Kommentar: Ein Haufen sperriger Passiv-Konstruktionen macht das Lesen schwer, zum Beispiel in diesem Abschnitt „… wird durch diese Anweisung in die Irre geführt". Manchmal lässt sich Passiv nicht vermeiden, aber häufig durch flüssige Sätze ersetzen.	**Kommentar:** Sportlich wirken Sätze, die Leser gewinnen. Aktiv heißt das Zauberwort, denn Passiv senkt die Verständlichkeit. Die Formulierung „Ganz anders bei Siri:" setzt bewusst einen Kontrapunkt, der Aufmerksamkeit weckt.

Online-Aspekt: Ein Outbound-Link führt zu Wikipedia (<u>semantische Analyse</u>): Wer gute Inhalte präsentiert, muss eine Verlinkung mit externen Websites nicht fürchten (Outbound-Link: externe Verlinkung / Inbound-Link: interne Verlinkung auf eigener Website). Die Subheadline lockert den Text grafisch auf („Wie wird das Wetter?"), genauso wie der Fettsatz beim Wort „Wetterbericht".

Um diesen Lernschritt zu erreichen, stellen zwei Teilnehmer ihre Textentwürfe zur Verfügung. Der Dozent projiziert sie per Beamer an die Wand – und die gesamte Runde diskutiert und verbessert diesen Text. Diese Feedback-Schleife findet auch bei allen anderen Textstellen statt.

Nominalstil den Beamten überlassen

Dann wird die nächste sprachliche Aufgabe vorgestellt:

Fiktive Vorlage

Mit dieser Technologie hat Apple eine Vorreiterschaft erreicht, weil eine Variation der sprachlichen Eingaben möglich ist. So wird auch folgende Fragestellung denkbar: „Brauche ich morgen einen Schirm?" Darauf stellt das Smartphone den aktuellen Wetterbericht zur Verfügung. Die Memorierung bestimmter Kommandos ist nicht nötig, die Unterhaltung mit dem Smartphone kann in einer natürlichen Stimmlage geführt werden.

Kommentar: Was fällt auf? Eine Fülle von Nomen wie „Vorreiterschaft", „Fragestellung" oder „Memorierung". Die Stilistik kennt dafür den Begriff „Nominalstil". Es ist die Sprache der Bürokraten: verstaubt, trocken und ohne Esprit. Einfach in der „Handhabung", aber die Lust am Lesen geht schnell verloren.

Verbesserte Version

Mit dieser Technologie ist Apple ein Durchbruch gelungen, weil sich die sprachlichen <u>Eingaben variieren</u> lassen.

―――――――――――――――

Inbound-Link „Eingaben variieren" führt auf eine zweite Ebene der eigenen Website, wo Details wie folgt erläutert werden.

―――――――――――――――

Unterhaltung mit natürlicher Stimme

*„Brauche ich morgen einen Schirm?" – so könnte auch eine Frage an Siri lauten. Und schon liefert das Smartphone den aktuellen Wetterbericht. Der Nutzer muss keine bestimmten **Kommandos** lernen, er „unterhält" sich mit dem Smartphone in seiner natürlichen Stimmlage.*

Kommentar: Substantivierte Verben sind durch echte Verben zu ersetzen, um den Leser mit Schwung durch den Text zu bringen. So sorgt eine Reihe von Verben für Tempo. Aktivität statt Nominalstil.

Online-Aspekt: Der Inbound-Link „Eingaben variieren" ist sinnvoll, weil so der Leser auf einer weiteren Ebene Details erfahren kann, die den Lesefluss auf der ersten Ebene hemmen würden. Eine Subheadline („Unterhaltung mit natürlicher Stimme") eröffnet den untergeordneten Abschnitt.

Schachtelsätze im Keim ersticken

Zur dritten Aufgabe, wobei sich der Text immer noch auf der zweiten Ebene der Website befindet:

Fiktive Vorlage	Verbesserte Version
Das Smartphone stellt unter Beweis, wie nahe es der menschlichen Intelligenz kommt, wenn nach dem dritten amerikanischen Präsidenten gefragt wird, und nennt als Antwort „Thomas Jefferson". Denn um ein Ergebnis zu finden, das zu der Frage passt, ist die amerikanische Version in der Lage, eine Datenbank von „Wolfram Alpha" zu durchsuchen.	**Menschliche Intelligenz** *Im Plauderton kann der Nutzer auch nach dem dritten amerikanischen Präsidenten fragen – und das Smartphone stellt unter Beweis, wie nahe es der menschlichen Intelligenz kommt, wenn es „Thomas Jefferson" als Antwort nennt. Denn die amerikanische Version ist in der Lage, eine <u>Datenbank von „Wolfram Alpha"</u> zu durchsuchen, um ein passendes Ergebnis zu finden.*
Kommentar: Schon beim Lesen des ersten Satzes stolpern die Teilnehmer. Vom Hauptsatz geht es wie auf einer Kellertreppe nach unten – erst eine Sinnebene („wie nahe ..."), dann eine weitere Sinnebene („wenn nach ..."). Das Problem: Der Satz springt zurück zum Hauptsatz, eine typische Verschachtelung, die das Verständnis untergräbt.	**Kommentar:** Schachtelsätze sind zu vermeiden, weil die Sinnebenen eines Satzes durcheinandergeraten. Trotzdem können fließende Nebensätze interessant sein: Zeitablauf und Kausalität sollten sich im Satzgefüge widerspiegeln, die Sinnebenen klar erkennbar bleiben und der rote Faden nicht verloren gehen. Dann steigt der Autor mit seinem Leser auch eine Treppe hinunter, doch die Stufen führen zu einem klaren Ziel.

Online-Aspekt: Wieder eine grafische Auflockerung mit einer Subheadline („Menschliche Intelligenz"). Und: Die Chancen des Internets werden genutzt, indem ein Outbound-Link zur Datenbank „Wolfram Alpha" führt.

Sperrungen abbauen

Jetzt kommt ein ähnliches Problem wie bei den Schachtelsätzen zur Sprache, die Teilnehmer analysieren die folgende Textstelle (weiterhin auf der zweiten Ebene der Website):

Fiktive Vorlage

Das klingt nicht spektakulär, ist aber ein großer Schritt: Aufgrund einer Suche mit diesem Keyword in der Datenbank von Google ist man in der Lage, eine umfangreiche Ergebnisliste zu erhalten. Man muss die Entscheidung, welchen Link man anklicken will, selbst treffen. Siri nennt aber sofort den richtigen Präsidenten. Bei einer zu unklaren Fragestellung durch den Nutzer kreist Siri das Thema besser ein, indem die Software Rückfragen stellt.

Kommentar: Die Lösung des Rätsels findet sich erst am Ende des Satzes – bis dahin muss der Leser raten, was gemeint sein könnte. Das erkennen die Teilnehmer, wenn sie den zweiten Satz näher betrachten: „Aufgrund", „mit", „in" und „von". Diese Präpositionen treten so gehäuft auf, dass der Leser fast verhungert, bis er das Hilfsverb „ist" erreicht. Dann ist er aber nicht schlauer, weil durch die Sperrung erst am Ende ein sinntragendes Verb auftaucht („zu erhalten"). Ähnlich wie bei Schachtelsätzen verliert der Leser leicht den roten Faden. Außerdem stören die „man"-Formulierungen!

Verbesserte Version

Thema einkreisen

*Das klingt nicht spektakulär, ist aber ein großer Schritt: Wer bei Google mit diesem Keyword auf die Suche geht, erhält eine **umfangreiche Ergebnisliste**. Jetzt muss jeder selbst entscheiden, welchen Link er anklickt. Siri hat ihm diese Arbeit abgenommen – und auf Anhieb den richtigen Präsidenten genannt. Wenn die Frage zu unklar gestellt ist, reagiert Siri mit **Rückfragen**, um das Thema stärker einzukreisen.*

Kommentar: Die präpositionalen Bestimmungen sind auf ein verträgliches Maß zu reduzieren, wichtige Informationen rücken an den Anfang der Sätze. Weniger präpositionale Bestimmungen fördern den Lesefluss, die Nebensätze sind kurz gehalten. Außerdem stehen wichtige Informationen am Anfang der Sätze. Zudem lassen sich „man"-Formulierungen ersetzen: „Wer bei Google ..., erhält ...". Das Wörtchen „Wer" leistet gute Dienste.

Online-Aspekt: Fettsatz für wichtige Begriffe und eine treffende Subheadline („Thema einkreisen"). Das kommt dem Scan-Verhalten der Leser entgegen, die Orientierung erwarten, wenn sie den Text überfliegen

Schwung durch Rhythmus

Die nächste Textstelle bringt die Teilnehmer wieder auf die erste Ebene der Website:

Fiktive Vorlage	Verbesserte Version
Doch Siri ist außerdem in der Lage, auf Details, die vom Nutzer bei den Kontakten gespeichert werden, zuzugreifen. Denn die Software erkennt Keywords. Diese sind den Kontakten zugeordnet. Zum Beispiel kann eine Anweisung lauten: „Schreibe Mama, dass ich unterwegs bin." Dann schickt Siri eine entsprechende E-Mail ab. Die Software spielt auch Songs. Sie macht Anrufe und plant Termine. Dazu nutzt sie die integrierten Apps auf dem iPhone 4S.	**Post für Mama** *Doch Siri kann noch viel mehr: Wer zu seinen Kontakten weitere Details speichert, macht der Software das Leben leicht. Denn sie erkennt bestimmte Keywords, die sie einem Kontakt zuordnet. Beispiel: „Schreibe Mama, dass ich unterwegs bin" – diese Anweisung setzt Siri in eine passende E-Mail um.* **Auf Zuruf Musik** *Die Software spielt auch auf Zuruf Songs, macht Anrufe oder plant Termine. Alles mit den <u>integrierten Apps</u> auf dem iPhone 4S.*
Kommentar: Zu kurze Sätze unterfordern den Leser, ihr Stakkato ermüdet und geht auf die Nerven. Zu lange Sätze überfordern den Leser, ihre Langatmigkeit schreckt von weiterer Lektüre ab.	**Kommentar:** Die gesunde Mischung ist entscheidend, ein rhythmischer Wechsel sorgt für Dynamik. Längere Sätze verlangen Aufmerksamkeit, kürzere bieten Erholung und Abwechslung. Der Text ist lebendig geworden. Sogar Einwortsätze („Beispiel:") sind erlaubt, da sie einen rhythmischen Akzent setzen.

Online-Aspekt: Zwei Subheadlines halten die Neugier wach („Post für Mama" und „Auf Zuruf Musik"); der Fettsatz lenkt wieder den Blick durch den Text. Der Inbound-Link könnte auf eine interne Seite führen, die über integrierte Apps informiert.

Worte mit Kraft erfüllen

Die letzte Textstelle soll ein gelungener Ausstieg werden:

Fiktive Vorlage

Ein weiterer Aspekt ist wichtig: Siri weist eine Diktierfunktion auf, mit der gesprochene Sprache in eine Textdatei überführt wird. Dann erfolgt zum Beispiel die Versendung einer E-Mail, die diesen Text beinhaltet. Es kann auch eine Notiz erstellt oder eine Websuche bewirkt werden. Schließlich antwortet Siri mit der Aussage „Alles spricht dafür, dass es Schokolade ist", wenn man die Software nach dem Sinn des Lebens fragt.

Kommentar: Gelungen? Nein, eine Reihe leerer Worte wie „Aspekt", „Funktion", „Versendung" oder „bewirken" machen diesen Abschnitt saft- und kraftlos.

Verbesserte Version

*Eine weitere Eigenschaft, die hervorsticht: Kurz das Mikrofonsymbol antippen – und die **Tastatur** wird überflüssig.*

*Dann verwandelt Siri die gesprochene Sprache in eine **Textdatei**, die ein Nutzer ganz unterschiedlich einsetzen kann: Die Datei lässt sich ...*

- *als **E-Mail** auf Reisen schicken.*
- *als Ausgangspunkt einer **Websuche** verwenden.*
- *als **Notiz** für spätere Aktivitäten aufheben.*

Eine Prise Humor

So bekommt Siri menschliche Züge, eine Prise Humor ist auch dabei. Auf die Frage „Was ist der Sinn des Lebens?" antwortet die Software: „Alles spricht dafür, dass es Schokolade ist."

Kommentar: Je konkreter die Wortwahl, desto anschaulicher wird ein Text. So lässt sich eine E-Mail „auf Reisen schicken" oder das „Mikrofonsymbol antippen". Hinzu kommt: Die Pointe mit der Schokolade ist wirkungsvoll gesetzt, bei der fiktiven Vorlage wurde sie verstolpert.

Online-Aspekt: Wie bisher hilft eine Subheadline, den Text zu gliedern („Eine Prise Humor"). Ebenfalls nützlich ist der Fettsatz, der bei Schlüsselbegriffen zum Einsatz kommt. Neu: Bullets als Aufzählungszeichen! Listen haben sich als gute Technik bewährt, um einen komprimierten Überblick über Informationen zu geben.

Überschrift zuspitzen

Das Beste kommt zum Schluss: Die Headline muss warten, bis der ganze Text steht. Denn so lässt sich aus der Fülle des Materials schöpfen, um zündende Worte zu finden. Dabei sollte eine Headline ...

- ... gut zum Text passen,
- ... genau die richtige Länge haben,
- ... neugierig machen, verständlich sein,
- ... nicht zu viel verraten.

Wichtig: Der knappe Raum ist sinnvoll zu nutzen, etwa durch eine Ober- und Unterzeile. So wird die zentrale Headline entlastet, die sich leichter zuspitzen lässt.[4]

Drei Beispiele:

Die Überschrift wird knapper, präziser und pfiffiger ...

Apples Innovation
Große Fortschritte bei der Spracherkennung
Siri ermöglicht neue Kommunikation mit dem Smartphone

iPhone 4S
Mit Smartphone plaudern
Spracherkennung durch Siri setzt neue Maßstäbe

iPhone 4S
Sprich mit mir!
Siri schafft die Tastatur ab

Und Ihre Headline?

....

Wie Teilnehmer die Schreibwerkstatt erleben

So weit ein Blick in die Schreibwerkstatt der Textagentur EcoWords. Viele Teilnehmer staunen, was sich aus ein paar Worten machen lässt. Und sie sind begeistert - wie diese technischen Redakteure: „Ihr Workshop hat mich sehr inspiriert. Ihre Anregungen sind für das Übersetzen im Bereich Marketing hilfreich und lassen sich gleich anwenden! Ich habe viel gelernt. Vielen Dank!" (Holger Remke). Oder: „Es war wirklich ein schöner Workshop. Gestern ertappte ich mich bei der Formulierung von Einstiegstexten dabei, wie ich schon den fließenden Nebensatz eingesetzt habe. Dadurch las sich der Text viel einfacher als bei meinem üblichen Telegrammstil" (Ariane Anders).

Quellenverzeichnis:

[1] Nielsen, Jacob (1997): „Jakob Nielsen's Alertbox", in: http://www.useit.com/alertbox/9710a.html vom 20.04.2013

[2] Vgl. Wilhelm, Thorsten (2009): „Ausdrucken oder Lesen am Bildschirm - Welches Verhalten nimmt zu?" (Forschungsbeiträge der eResult GmbH), in: http://www.eresult.de/studien_artikel/forschungsbeitraege /leseverhalten_am_bildschirm.html vom 25.05.2013

[3] Nur dieses Beispiel stammt von „Apple", alle weiteren negativen Beispiele hat sich der Autor des Beitrags selbst ausgedacht.

[4] Vgl. Harland, Ute (2010): Wie Sie eine treffende Überschrift finden, in: http://www.textgewandt.de/pr_wissensarchiv/ueberschriften.shtml vom 12.05.2013

Astrid Meyer
Dipl.-Betriebswirt (FH)

Empathisches Coaching, Systemische Moderation, Wertschätzende Kommunikation – Astrid Meyer verfügt über langjährige Berufserfahrung sowohl im Dienstleistungssektor als auch im Projektmanagement in der Industrie. Bevor sie sich entschied, sich mit ihrem Know-how und ihren Fähigkeiten selbstständig zu machen, hat sie in unterschiedlichen Firmen, Positionen und Branchen gearbeitet.

Dabei hat sie die verschiedensten Erfahrungen gemacht, wie intern miteinander umgegangen und kommuniziert wird, wie Firmenwerte gelebt werden und sich verändern, wie sich das Firmenumfeld auf die Menschen auswirkt und umgekehrt.

Seit 2009 ist sie als Coach, Trainerin und Moderatorin tätig. Ihr Fokus liegt in der Vermittlung wertschätzender und respektvoller Kommunikation sowie in den Bereichen ziel- und lösungsorientierte Teamarbeit, Projektkoordination und effiziente Meetingmoderation. Ihr Trainings- und Beratungsansatz ist einfühlsam und kundenorientiert.

www.astridmeyer.com

Mitarbeiter binden und Kosten senken – Wertschöpfung durch Wertschätzung

Unterschiedliche Werte im Berufs- und Privatleben
„Behandle andere so, wie du von ihnen behandelt werden willst."

Was ist von der bewährten „Goldenen Regel" in der heutigen Arbeitswelt geblieben? Es steht doch wohl kaum einer morgens auf und beschließt: „Heute mach ich mal die Mitarbeiter rund" – und dennoch erleben viele den Alltag so.
In der Betriebswirtschaft gelten offensichtlich andere Werte als diejenigen, die im Allgemeinen zum Gelingen von Beziehungen beitragen: Vertrauen, Wertschätzung, Kooperation, Solidarität und Teilen.[1]

Christian Felber führt dies in seinen Büchern[2] vor allem auf die zentrale Anreizstruktur unseres Wirtschaftssystems zurück: Gewinnstreben und Konkurrenz. „Diese Kernmotivation fördert egoistisches und rücksichtsloses Verhalten, lässt zwischenmenschliche Beziehungen scheitern und gefährdet den seelischen, sozialen und ökologischen Frieden."[3] Er schreibt weiter: „Wenn Menschen als oberstes Ziel ihren eigenen Vorteil anstreben und gegeneinander agieren, lernen sie, andere zu übervorteilen und dies als richtig und normal zu betrachten. Wenn wir jedoch andere übervorteilen, dann behandeln wir uns nicht als gleichwertige Menschen: Wir verletzen unsere Würde."[4]

Ein von Wettbewerb und Gewinnmaximierung geprägtes Umfeld führt zu Neid, Angst und Mangeldenken wie „es ist nicht genug für alle da", „es kann nur einer siegen". In der Folge muss der Sieger dann noch stets seine Position verteidigen, um an der Spitze zu bleiben. Das Handeln wird auf Sicherheit angelegt und von Kontrolle geprägt. Es entsteht eine Bürokratie mit immer mehr Regeln, die zu einer weitgehenden „Fehlervermeidungs- und Rechtfertigungskultur" führen. In so einem Umfeld hält man auch Informationen eher zurück, statt sie zu teilen. Daraus resultiert gegenseitiges Misstrauen bis hin zur Untreue. Die erbrachte Leistung wird nur noch in Zahlen gemessen, ein System aus Zuckerbrot und Peitsche entsteht. In solch einer Arbeitsumgebung sinkt natürlich auch die Kreativität und Kooperationsbereitschaft.[5]

Wo jedoch Vertrauen und Offenheit gelebt werden, ist auch Raum für gegenseitige Unterstützung, Zusammenarbeit und das Teilen von Ressourcen. Dort herrschen einfache, klare Spielregeln und Transparenz. Anstelle von Bürokratie gibt es effiziente Prozesse und Entscheidungsspielräume. Der Umgang miteinander ist wertschätzender, man hört einander zu. Arbeitsergebnisse werden wohlwollend – im Sinne von: „was wurde erreicht" - gemessen und als Fortschritt und Lernfeld betrachtet.[6]

Neuere Forschungen fanden übrigens heraus, „dass auch Darwin Kooperation für die menschliche Fortentwicklung weitaus bedeutsamer betrachtete als das Zusammenspiel von Wettbewerb und Eigennutz"[7]. Auch die neurobiologische Forschung bestätigt inzwischen, dass der Mensch aus biologischer Sicht nach Kooperation, Zugehörigkeit, Wertschätzung und Anerkennung strebt.[8]

Wertekonflikt im Alltag

Der Karriereberater Martin Wehrle hat die negativen Erfahrungen zahlreicher Kunden 2011 in einem Buch zusammengefasst und analysiert. Tausende von Rückmeldungen führten 2012 sogar zu einer weiteren Ausgabe mit dem Titel *„Ich arbeite immer noch in einem Irrenhaus: Neue Geschichten aus dem Büroalltag".* Irgendwann können weder ein tolles Team noch interessante Aufgaben nervenaufreibende Arbeitsbedingungen aufwiegen. Die Folgen sind Rückzug, reduzierte Einsatzbereitschaft, Krankheit oder gar freiwilliger Wechsel der Arbeitsstelle.

Solche Verhältnisse spiegeln sich auch in zahlreichen Statistiken, wie z. B. in der Gallupstudie[9], die das Engagement von Mitarbeitern misst. Die Identifikation mit dem Arbeitsplatz ist demnach erschreckend gering. 2012 können sich gerade mal 15 % der Mitarbeiter mit ihrer Arbeitsaufgabe und ihrem Unternehmen voll identifizieren und erbringen entsprechende Leistungen. 61 % der Befragten dagegen machen „Dienst nach Vorschrift", 24 % haben sogar innerlich gekündigt.

Es sieht zum Glück bei Weitem nicht in allen Firmen so verheerend aus, wie es der Eindruck aus den Pressemeldungen manchmal vermittelt. Da gibt es durchaus die Kollegen, die auch mal gemeinsam eine Extrameile gehen, gute Zusammenarbeit, den Stolz, Mitarbeiter dieser Firma zu sein, Chefs, die sich für ihre Mitarbeiter als Menschen interessieren und engagieren.

Ursachen

Stress und zu wenig persönliche Anerkennung gelten als die Hauptgründe für zurückgehendes Engagement, aber auch für die starke Zunahme psychischer Erkrankungen, die unter der Bezeichnung „Burn-out" Schlagzeilen machen.[10] Auslöser für den empfundenen Stress sind neben der persönlichen Einstellung vor allem Multitasking, eine zunehmende Entfremdung, Umstrukturierungen und interne Veränderungen, starker Termin- und Leistungsdruck, fehlendes Abschaltenkönnen nach Feierabend, häufige Arbeitsunterbrechungen, aber auch Monotonie.[11] Es scheint ein Teufelskreis zu sein aus: zu viel Druck von innen und außen – zu wenig Zeit und Anerkennung – schlechtere Beziehungen – Konflikte, Missverständnisse, Ärger – noch mehr Stress.

Folgen mangelnder Wertschätzung

Die geringe emotionale Bindung der Mitarbeiter verursacht hohe Kosten. So führt sie bei den eher unzufriedenen Mitarbeitern zu 70 % höheren Fehlzeiten.[12] Es folgen sinkende Arbeitsqualität, höhere Fluktuation und ein Rückgang der Innovationskraft eines Unternehmens. Wer mit seinen Vorschlägen zur Optimierung von Arbeitsprozessen wiederholt auf taube Ohren stößt, hält sich künftig damit zurück.[13] Auch interne Konflikte und Ärger kosten viel Zeit und Geld, was sich zwar nicht direkt in der Bilanz zeigt, jedoch inzwischen auch messbar ist.[14]

Die Arbeit wird oft nicht mehr als sinnstiftend erlebt, sondern nur noch als Mittel zum Geldverdienen gesehen. Ursprünglich hoch motivierte Mitarbeiter reduzieren ihren Einsatz. Ein höheres Gehalt kann nur noch kurzfristig motivieren. Geschenke wirken zwar nachhaltiger als reine Geldleistungen, können aber eine zu geringe Wertschätzung langfristig auch nicht ausgleichen.

Angestellte erwarten von ihren Vorgesetzen vor allem Werte wie Vertrauen, Mitgefühl, Stabilität und Hoffnung, Ehrlichkeit, Integrität und Respekt.[15] Eine Umfrage im April 2013 ergab ebenfalls, dass sich die meisten Arbeitnehmer von ihrem Chef wünschen, dass er ihnen zuhört (54 %) und glaubwürdig ist. Ferner wünschen sie sich Einfühlungsvermögen und Verständnis.[16]

Der Eindruck, gehört und verstanden zu werden, entsteht, wenn Menschen mit ihren Gefühlen und Bedürfnissen ernst genommen werden. Erleben Arbeitnehmer in ihrer Arbeit die

Erfüllung menschlicher Grundbedürfnisse[17] wie Autonomie, Entwicklung, Zugehörigkeit, Sinnhaftigkeit, führt dies zu einer höheren Zufriedenheit und einem signifikant größeren Unternehmenserfolg[18]. Empathie wirkt hierbei wie ein Katalysator. Mitgefühl, Vertrauen und Offenheit anstelle von Kontrolle und Druck fördern die Verbindung, Zufriedenheit und intrinsische Motivation.

Menschen möchten bei der Arbeit außerdem selbstbestimmt handeln können, etwas Sinnvolles tun und sehen, dass sie etwas bewirken können.[19] Damit das gelingt, brauchen sie Klarheit über das gemeinsame (Unternehmens-) Ziel.

Zunehmende Bedeutung der individuellen Wertschätzung

Bei manuellen oder körperlichen Tätigkeiten lässt sich der für das Unternehmen erwirtschaftete Ertrag leicht messen, vergleichen und in Geld bewerten und ausgleichen.

Wie wird jedoch der Beitrag von geistiger Arbeit zum Unternehmensergebnis bewertet, z. B. bei Tätigkeiten in der Verwaltung oder Planung und kreativen Aufgaben? Wenn man hier nur die produzierten PowerPoint-Folien oder Anwesenheitsstunden zählt, wird man dem persönlichen Einsatz des Mitarbeiters nicht gerecht. Daher ist neben dem Entgelt auch die verbale Würdigung der Leistung und vor allem des Leistungserbringers als Mensch so wichtig geworden.

Stimmungsbarometer

Das Gefühl der Wertschätzung entsteht einerseits im persönlichen Kontakt, aber auch durch die Rahmenbedingungen in der jeweiligen Organisation. Wie können Sie nun feststellen, wie die Stimmung in Ihrem Unternehmen ist und wo Handlungsbedarf besteht? Spielen Sie Trendscout im eigenen Unternehmen:

- Wie sind der allgemeine Umgangston und die Stimmung? Ruppig oder höflich, offen oder zurückhaltend?
- Begrüßen sich die Kollegen herzlich oder grummelnd?
- Sind die Mitarbeiter eher kontaktfreudig oder überwiegt Einzelgängertum?
- Wie verbringen sie die Pausen?
- Worüber wird wie geredet? – Positiv oder jammernd?
- In welchem Zustand sind die Sozialräume und sanitären Anlagen?
- Wie ist generell die Sauberkeit, Ordnung und Sicherheit im Betrieb?
- Was sagen die Ergebnisse der letzten Mitarbeiterbefragung?

- Wie sieht es hinsichtlich Fehlzeiten, Fluktuation, Kundenzufriedenheit, Einhaltung der Qualitätsmaßstäbe aus?
- Werden Fehler vertuscht oder wird daraus gelernt?
- Werden erreichte Ziele gefeiert oder geht es nahtlos über zum nächsten Projekt?
- Bleibt Zeit für Reflexion und Auftanken?

Auch die Antworten auf die 12 Haupt-Kriterien der Gallup-Studie[20] können Hinweise auf die Zufriedenheit der Mitarbeiter geben und erste Ansatzpunkte, diese zu verbessern. Nehmen Sie sich regelmäßig Zeit für Gespräche und für einen Blick auf das Stimmungsbarometer Ihres Betriebsklimas. Machen Sie diesen Check nicht nur in wirtschaftlich schwierigen Zeiten, sondern ebenfalls, wenn es scheinbar gut läuft.

Auch wenn die Auftragsbücher voll sind, kann es nämlich sein, dass vor lauter Arbeitsdruck die Pflege zwischenmenschlicher Beziehungen und das Würdigen der erreichten Ziele zu kurz kommen. Und wie schon erwähnt: Wenn der Mensch nicht mehr als Mensch gesehen wird, motivieren auch die schönsten Bonusprogramme und Sozialangebote nicht mehr.

Wertschätzung im Unternehmen etablieren

Angesichts des künftigen Fachkräftemangels, hoher Kosten durch Fehlzeiten, Fluktuation und fehlende Innovationskraft müssen Sie etwas tun. Selbst das Bundesministerium für Arbeit weist in seinen Handreichungen zum Thema Gesundheitsprävention auf die Bedeutung des Faktors Wertschätzung und mitarbeiterorientierte Unternehmenskultur hin.[21]

Mit einem weiteren Führungskräfte-Training oder einem Teambuilding-Workshop alleine ist es nicht getan. Auch nicht mit schönen Hochglanzbroschüren und der bloßen Verkündung des neuen Firmenleitbilds durch die Geschäftsleitung.

„Wertschätzung ist mehr, als ein gelegentliches Schulterklopfen"[22], und mehr als ein jährlicher Bonus.

Die Einführung einer Wertschätzungskultur ist ein steter, langer Veränderungsprozess, der nicht von heute auf morgen Früchte trägt, sondern der Tag für Tag neu gelebt werden muss. Insbesondere die Unternehmensführung und Vorgesetzten haben hierbei Vorbildfunktion. Sie müssen vorleben, dass es sich nicht um den nächsten Hype oder Management-Trend handelt, sondern langfristig Vertrauen aufbauen. Dies geht nicht mit Worten, sondern mit Taten.

Auch wenn die Schwaben sprichwörtlich sagen: *„Nicht geschimpft ist genug gelobt"*, so braucht doch jeder Mensch auch eine spürbare Anerkennung seiner Arbeit. Lob ist nicht gleich Wertschätzung! Lob ist ein Urteil, das nach „richtig" und „falsch" bewertet. *„Das haben Sie gut gemacht"* oder *„Das war eine tolle Präsentation"* ist zwar schon besser als gar nichts, sagt jedoch noch wenig über den Menschen und seinen Beitrag aus.

Eine wertschätzende Formulierung benennt den Sachverhalt möglichst konkret (beobachtbare Handlung und Fakten) und drückt aus, wie derjenige zum Wohlergehen beigetragen hat und die persönlichen Bedürfnisse oder die Bedürfnisse der Organisation erfüllt hat: *„Sie haben in Ihrer Präsentation die Informationen mit Quellenangaben belegt. Das hat zu mehr Transparenz beigetragen, so dass ich mich mit Blick auf die anstehenden Entscheidungen sicher fühle."*

Insbesondere Menschen, deren Tätigkeiten wesentlich für reibungsfreie Abläufe sind, die man aber nur wahrnimmt, wenn sie nicht oder nicht vollständig gemacht werden (wie z. B. Putzen), oder die nicht zum eigentlichen Unternehmenszweck zählen und daher nur als „Kostenfaktor" gesehen werden (wie z. B. interne Verwaltung), freuen sich über eine Würdigung ihrer Arbeit. Lenken Sie den Blick daher vermehrt auf das, was gut läuft – und sprechen Sie es aus!

Impulse für mehr Wertschätzung im Unternehmensalltag

Damit es auch hier nicht beim Reden bleibt, nachfolgend einige Anregungen, wie Sie ganz praktisch zur Erfüllung der Bedürfnisse nach Anerkennung, Wertschätzung, Entwicklung und Vertrauen beitragen können. Manche mögen selbstverständlich scheinen, andere ungewohnt. Es gilt auch hier:

„Erfolg hat 3 Buchstaben: TUN." (Goethe)

Wenn Sie sich mehr Wertschätzung wünschen, beginnen Sie bei sich selbst. Notieren Sie hierzu täglich fünf **persönliche Erfolge**. Das stärkt Ihr Selbstbewusstsein – und wer sich selber schätzt, kann sich auch viel leichter am Erfolg anderer freuen.

Erweitern Sie Ihren Blickwinkel: Was lief heute gut? Notieren Sie täglich mindestens fünf kleine und große Dinge, für die Sie **dankbar** sind.

Sagen Sie Ihren Mitmenschen, was Sie an ihnen schätzen. Vielleicht weiß der- oder diejenige gar nicht, wie wertvoll das für Sie ist, was er oder sie tut. Sie stärken damit auch das Selbstbild Ihrer Kollegen. Seien Sie dabei möglichst konkret: Schildern Sie, was er oder sie gemacht hat und wie Sie das unterstützt hat.

Die guten alten Regeln des Freiherrn von **Knigge** erleichtern auch heute noch den Umgang miteinander. Diese Gesten signalisieren Höflichkeit und Respekt.

Im Gespräch lässt sich Respekt durch **ehrliches Interesse und Offenheit** gegenüber der Meinung oder Andersartigkeit des Gegenübers ausdrücken.

Je mehr Arbeit anfällt, je größer der Druck und Stress, desto größer ist die Gefahr, dass keine Zeit mehr für die persönlichen Gespräche bleibt. Achten Sie also gerade dann darauf, sich immer wieder **Zeit für persönliche Gespräche** zu **nehmen**. Ersparen Sie sich dadurch unnötige Konflikte und Ärger.

Nennen Sie Ihre Kollegen bei ihrem **vollen Namen**: Wenn vom Abteilungsleiter nur noch als „der KaDe" gesprochen wird (entsprechend seinem Unterschriftenkürzel „K.D.") und nicht mehr als „Herr Dr. Dahlmann", besteht die Gefahr der Entpersonalisierung und des Verlusts von gegenseitigem Respekt.

Informieren Sie Ihre Mitarbeiter regelmäßig über die gemeinsam erwirtschafteten Erfolge, anstehende Veränderungen oder geplante Aktionen, ehe sie es aus der Presse oder der Gerüchteküche erfahren. So bauen Sie Vertrauen auf und fördern die Identifikation und das Verständnis auch bei unbequemen Nachrichten.

Mit einer effizienten **Besprechungskultur**, gemeinsam entwickelten Spielregeln und einer **Dankbarkeitsrunde** sind Meetings ein ideales Hilfsmittel, um Offenheit und Wertschätzung in den Arbeitsalltag zu integrieren.

Üben Sie sich vor allem in den Mitarbeitergesprächen im **aktiven Zuhören** und zeigen Sie Verständnis. Formulieren Sie die gemeinsamen Vereinbarungen möglichst **klar und konkret**, so dass Sie später auch **konstruktives Feedback** geben können.

Achten Sie von Anfang an auf einen wertschätzenden **Umgang mit Bewerbern** und neuen

Kollegen. Die vermittelte Botschaft lautet sonst: Man will die Besten, ist aber nicht bereit, in sie zu investieren.

Gehen Sie offen mit Dingen um, die nicht so gut laufen, wie Sie es gerne hätten. Bauen Sie regelmäßige Schleifen ein nach dem Prinzip „Plan – Do – Check – Act" und integrieren Sie die **Lernerfahrungen** aus laufenden Projekten in die nächsten Projekte. Dadurch sinkt die Furcht vor Fehlern und wächst das Vertrauen in die eigenen Fähigkeiten.

Machen Sie **Betroffene zu Beteiligten**: Fragen Sie sie um Rat und beziehen Sie sie in Entscheidungen, die ihre Arbeit betrifft, frühzeitig mit ein.

Feiern Sie Erfolge, und tanken auf, ehe Sie in das nächste Projekt starten.

Achten Sie auf **Blickkontakt** im Gespräch.

Lassen Sie es nicht zu, dass über andere schlecht geredet wird.

Hören Sie auf mit dem Jammern.

Besuchen Sie mal andere Abteilungen und Niederlassungen, um zu erleben und verstehen, mit welchen Themen sich die Kollegen dort beschäftigen.

Rufen Sie sogenannte **Expertenrunden** oder **abteilungsübergreifende Teams** zusammen, wenn kreative Lösungen gefragt sind.

Fragen Sie Kollegen um Rat oder bieten ihnen Hilfe an.

Loben Sie auch mal Ihren Chef, denn „Chefs sind auch nur Menschen".

Behandeln Sie auch Ihre Geschäftspartner, Kunden und Lieferanten offen, kooperativ und fair. Achten Sie außerdem auf einen respektvollen Umgang mit den natürlichen Ressourcen (Rohstoffe, Wasser, Luft).

Fazit

Wertschätzung ist ein wichtiger Faktor, der gerade in Zeiten von Entfremdung, Globalisierung, Fachkräftemangel und Stress wesentlich zur Zufriedenheit und Gesundheit Ihrer Mitarbeiter und somit zum Unternehmenserfolg beiträgt. Eine neue Unternehmenskultur kann jedoch nicht verordnet werden. Sie muss von der Leitung und den Führungskräften vorgelebt werden. Ein wertschätzender Umgang ist die Basis für ein gutes Miteinander und lässt die Mitarbeiter sich als Mensch mit den jeweiligen Fähigkeiten geschätzt und anerkannt fühlen[23].

Man muss eine Kultur der Wertschätzung wie einen Garten pflegen: immer wieder neue Samen und Setzlinge ausbringen, sie regelmäßig gießen und düngen, um sich dann an deren Früchten zu erfreuen.

Anfangs mag es mehr Zeit brauchen wieder direkt zu kommunizieren, und es bedarf sicher auch etwas Übung. Langfristig sparen Sie sich dadurch jedoch Zeit für Konflikte und Ärger. Sie haben nicht nur mehr Freude an der Arbeit, sondern auch treue Mitarbeiter und zufriedenere Kunden. Das sollten Sie sich wert sein.

„Sei du selbst die Veränderung, die du dir wünschst für diese Welt."
(Mahatma Ghandi)

Ich danke den Autoren der Studien und Schriften, die zum Gelingen dieses Artikels beigetragen haben, sowie den Menschen, die mir ihre Geschichten und Erfahrungen geschildert haben, die ebenfalls in diesen Artikel eingeflossen sind.

Quellenverzeichnis:

[1] Vgl. Felber, Gemeinwohlökonomie, verschiedene Texte und Vorträge
[2] Felber, „Neue Werte für die Wirtschaft" und „Gemeinwohlökonomie"
[3] Felber, Gemeinwohlökonomie (2012), S. 18
[4] Felber, ebd. S. 23
[5] Eigene Zusammenfassung aus einem Webinar von Martin Weiss, www-coach-yourself.tv zum Thema persönliche Ziele und Erfolgsfaktoren (2013)
[6] Weiss, a.a.O.
[7] Lindemann, Heim; S. 25, vgl. David Loye (2005), Darwin in Love, S. 10f.
[8] Lindemann, Heim; S. 25-27, vgl. Joachim Bauer (2006), S.14 und S.34 „das Prinzip Menschlichkeit"
[9] http://www.handelsblatt.com/unternehmen/management/strategie/gallup-studie-fehlende-motivation-kostet-firmen-milliarden/7888974.html , Handelsblatt, 06.03.2013

[10] http://www.stern.de/gesundheit/ratgeber/krankenkassen-warnen-zahl-der-burnout-faelle-steigt-dramatisch-1961182.html, 26. Januar 2013
[11] „Zusammenfassung Stressreport Deutschland 2012", Bundesanstalt für Arbeitsschutz und Arbeitsmedizin, http://www.baua.de/de/Publikationen/Fachbeitraege/Gd68.html
[12] Gallupstudie 2012
[13] Vgl. http://www.download.ff-akademie.com/Gallup-Studie.pdf, erstellt von BERKEMEYER Unternehmensbegeisterung www.unternehmensbegeisterung.com
[14] http://www.konfliktkostenrechner.de/
[15] Miyashiro, S. 37f., Gallup (2008) Gallup Polls, Why people follow
[16] http://www.focus.de/finanzen/karriere/arbeit-umfrage-chefs-sollten-zuhoeren-koennen_aid_997796.html - 24.05.213 (dpa Meldung)
[17] Vgl. Rosenberg, Gewaltfreie Kommunikation
[18] Miyashiro, S. 42, mit Bezug auf Fisher, Leading Self-directed Work Teams, S. 31f
[19] Miyashiro, S. 43
[20] z.B. „ENGAGEMENT INDEX DEUTSCHLAND 2012" PRESSEGESPRÄCH MARCO NINK, 6. MÄRZ 2013 http://www.gallup.com/strategicconsulting/160904/praesentation-gallup-engagement-index-2012.aspx
[21] „Kein Stress mit dem Stress" – Bundesanstalt für Arbeitsschutz und Arbeitsmedizin www.psyga.info und www.inqa.de
[22] Wehrhagen, Kestler; Zufriedene Mitarbeiter betrügen nicht
[23] http://psyga.info/stress-vermeiden/gesundheitsgerechte-unternehmenskultur/

Literaturverzeichnis

(Erstellt mit citavi, zuletzt geprüft am 28.05.2013.)

Kein Stress mit dem Stress. Lösungen und Tipps für gesundes Führen im öffentlichen Dienst. Mit vielen Arbeitshilfen und Praxisbeispielen, http://www.inqa.de/DE/Lernen-Gute-Praxis/Publikationen/psyga-kein-stress-mit-dem-stress-handlungshilfe-beschaeftigte.html.

Bauer, Joachim (2006): Prinzip Menschlichkeit. Warum wir von Natur aus kooperieren. 1. Aufl. Hamburg: Hoffmann und Campe.

Felber, Christian (2008): Neue Werte für die Wirtschaft. Eine Alternative zu Kommunismus und Kapitalismus. Wien: Deuticke.

Felber, Christian (2012): Die Gemeinwohl-Ökonomie. Das Wirtschaftsmodell der Zukunft. Erweiterte Neuausg. Wien: Deuticke.

Fisher, Kimball (2000): Leading self-directed work teams. A guide to developing new team leadership skills. New York: McGraw-Hill.

Kestler, Kathrin; Wehrhagen, Marc (2013): Zufriedene Mitarbeiter betrügen nicht – Investieren Sie in Mitarbeiter und nicht in Überwachung, Berlin: epubli.

Lindemann, Gabriele; Heim, Vera (2010): Erfolgsfaktor Menschlichkeit. Wertschätzend führen - wirksam kommunizieren; Paderborn: Junfermann.

Lohmann-Haislah, Andrea (2012): Stressreport Deutschland 2012. Psychische Anforderungen, Ressourcen und Befinden. Dortmund [u.a.]: Bundesanstalt für Arbeitsschutz und Arbeitsmedizin.

Loye, David (2005): Darwin in love. Die Evolutionstheorie in neuem Licht. 1. Aufl. Freiamt im Schwarzwald: Arbor-Verl.

Miyashiro, Marie R. (2013): Der Faktor Empathie. Ein Wettbewerbsvorteil für Teams und Organisationen. Paderborn: Junfermann.

Rosenberg, Marshall B.; Gandhi, Arun; Birkenbihl, Vera F.; Holler, Ingrid (2013): Gewaltfreie Kommunikation. Eine Sprache des Lebens 11. Aufl. Paderborn: Junfermann

Rosenberg, Marshall B.; Seils, Gabriele (2012): Konflikte lösen durch gewaltfreie Kommunikation. Ein Gespräch mit Gabriele Seils. 15. Aufl. Freiburg im Breisgau: Herder (Herder-Spektrum, 5447).

Wehrle, Martin (2011): Ich arbeite in einem Irrenhaus. Vom ganz normalen Büroalltag. 2. Aufl. Berlin: Econ.

Wehrle, Martin (2012): Ich arbeite immer noch in einem Irrenhaus. Neue Geschichten aus dem Büroalltag. Berlin: Econ.

Karin Müller
Diplom-Kauffrau

Seit 2011 selbstständig. Inhaberin der Müller Organisation in Leonberg. Mit Organisationstalent und Einfühlungsvermögen führt sie in mittelständischen Betrieben Qualitätsmanagementsysteme ein.

Sie entwickelt Teams, nimmt Interessen und Emotionen in Unternehmen auf, legt das Knowhow der Mitarbeiter frei und bringt ins Stocken geratene Projekte zum Abschluss.

Sie berät in Themen Organisationsentwicklung und Veränderungsmanagement.

Karin Müller hält Fachvorträge zur Emotionalen Intelligenz. Als Präsidiumsmitglied im Berufsverband Freelancer International e. V. ist sie ehrenamtlich mit vielen Themen unterwegs und pflegt aktiv den Netzwerkgedanken.

www.mueller-organisation.de

Erfolgsfaktoren für Kooperationen

Einleitung

Die Dynamik des Marktes und ein intensiver globaler Wettbewerb führen in den Unternehmen dazu, effektive und effiziente Organisationsstrukturen zu gestalten.
Dabei sind Kooperationen nicht die erste Wahl und dennoch stecken genau darin unerkannte Chancen. Die Kooperation ist ein Kompromiss zwischen der Entscheidung „Make or Buy", die sich zwischen Markt und Hierarchie bewegt. Wird sie die Organisationsform der Zukunft? Sprechen wir von Kooperationen, denken etliche, dies sei nur für finanzschwache Unternehmer. Für die meisten Kooperationen sind allerdings beschränkte finanzielle Ressourcen oder fehlendes Know-how der Auslöser, um eine Kooperation einzugehen. Wer „freiwillig" kooperiert, hat zum Ziel, mehr Kunden zu gewinnen oder das Marketingbudget zu halbieren. Auch kürzere Entwicklungszeiten für Produkte oder mehr Innovationen sind Kooperationsgründe. Wir kooperieren lieber branchenfremd oder sogar mit einem Wettbewerber. In den letzten Jahren ist eine erhebliche Zunahme von Kooperationen festzustellen und eine ausgeprägte Vielfalt an Kooperationsmöglichkeiten entstanden. Auf einige relevante Kooperationsbeispiele möchte ich hier zur Veranschaulichung näher eingehen: Innovationskooperationen, Markenkooperationen, Marketingkooperationen, strategische Vertriebskooperationen, Online-Marketingkooperationen.
Dies führt zur Frage, welche Kooperationsmöglichkeiten unter welchen Bedingungen zum größten Unternehmenserfolg führen und welche Bestimmungsfaktoren für die Wahl der Kooperation ausschlaggebend sind. Welche Anforderungen soll das Unternehmen bereits mitbringen, damit eine Kooperation in Gang kommt?
Große Unternehmen wie Porsche, Pro 7, American Express, Hapag Lloyd und Hallhuber kooperieren mit anderen Partnerunternehmen in einer Markenkooperation, um einen Mehrwert für ihre Kunden zu schaffen und um ihren Kundenkreis zu erweitern. Kooperationen werden sehr gezielt und ganz bewusst genutzt, um kontinuierlich das Image zu verbessern oder/und die Kundenanzahl mit einem verringerten Marketingbudget zu erhöhen. Erfolgreiche Kooperationen machen Unternehmen erfolgreicher, doch wie kooperiere ich erfolgreich, was ist zu berücksichtigen?

Marktgängige unterschiedliche Kooperationsformen

In einer Kooperation werden mindestens zwei rechtlich und wirtschaftlich selbstständige Unternehmen in Form einer vertikalen, horizontalen oder konglomeraten Kooperation oder

als Gemeinschaftsunternehmen in einem Netzwerk auf Dauer tätig. Unterschiedliche Formen von Kooperationen lassen sich im Hinblick auf die Wertschöpfungsstufe einteilen. In **vertikalen Kooperationen** sind Partner aus einer Zuliefer-/Abnehmer-Beziehung. **Horizontale Kooperationen** bestehen aus Unternehmen der gleichen Wertschöpfungsstufe.
Konglomerate Kooperationen kooperieren mit Partnern unterschiedlicher Branchen in einem Netzwerk, sie kombinieren Know-how und bringen unternehmenseigene Leistungen in innovative Produkte und Dienstleistungen mit ein, die Wertschöpfungsstufe wird gemeinsam erstellt, damit wird ein Vorstoß in neue Technik oder neue Marktfelder möglich. Beispielsweise entwickelten Alessi (exklusive Küchenartikel) und Henkel (Hygiene-Produkte) einen neuen WC-Spültab für eine ganz neue Zielgruppe: Konsumenten, die bisher keinen Spülstein verwenden.
Bedeutsame zivilrechtliche und juristische Kooperationsformen, sowie steuerrechtliche Aspekte und vertragliche Gestaltungen werden hier nicht erwähnt.
Verschaffen Sie sich einen Überblick über die erfolgsrelevanten Elemente in der Entstehung und Entwicklung von Kooperationsbeziehungen.

Ausgangssituationen für Kooperationen

Beginnen Sie mit Ihrer Ausgangssituation im Unternehmen, ob eine Kooperation in einem bestimmten Bereich in Betracht kommt. Liegt eine **Problem-Druck-Situation** vor, die durch fehlende Ressourcen (Kapital, Wissen, Personal) gekennzeichnet ist, oder liegt eine **Interessen-Diskrepanz-Situation** vor? Als Ziel kommt z. B. eine Entlastungsstrategie, mit der Verlagerung von Risiko bei neuen Produktanläufen auf einen Fremdanbieter, oder als Ziel eine Erweiterungsstrategie infrage. Betrachten Sie grundsätzlich, ob die Zusammenarbeit wirtschaftlich wirklich sinnvoller ist als eine Entscheidung zwischen „Make oder Buy".
Beschränken Sie sich im Unternehmen mit Ihren Ressourcen und Fähigkeiten auf Ihre Kernkompetenzen, so führt das dazu, dass Sie die zusätzlich benötigten Leistungen über den Markt oder über eine Kooperation beziehen.
Sind bei einer Verlagerung die Transaktionskosten gering und die Transaktion weist geringe Spezifität auf, ist eine Kooperation möglich.

> **Tipp: Prüfen Sie, ob die Leistung im eigenen Unternehmen erstellt werden oder von außerhalb bezogen werden kann.**

Motive für Kooperationen

Beweggründe für eine Kooperation liegen im Wesentlichen in vier Bereichen: Kosten, Markt, Beschaffung und Absatz.
Kostenreduzierung und Marktausweitung bewirken umfangreiche Vorteile.
Die Kostenreduzierung ergibt sich durch Größendegressionseffekte, Ausdehnung der Reichweite und die Optimierung des Integrationsgrades sowie durch eine Risikoteilung.
Eine Verbesserung der Marktposition kann in Bezug auf den Kunden, den Lieferanten und den Wettbewerber erreicht werden. Im Bereich der Beschaffung werden Ressourcen, fachliche Fähigkeiten und Kompetenzen hinzugewonnen. Im Geschäftsbereich Absatz werden neue Vertriebswege zugänglich, neue Kunden hinzugewonnen oder es findet über eine Diversifikationsstrategie eine Erweiterung des aktuellen Leistungsspektrums statt (vgl. auch Hagenhoff, S. 22).

Benennen Sie die Motive, die Sie veranlassen, mit Ihrem Kooperationspartner zusammenzuarbeiten.

Nachdem Ihre Ausgangssituation und Ihr Motiv für eine Kooperation geklärt sind, werden mit den grundlegenden Erfolgsfaktoren Orientierungspunkte gegeben, damit die Kooperation zielgerichtet und erfolgsorientiert aufgebaut werden kann.

Grundlegende Erfolgsfaktoren für Kooperationen

Erfolgsfaktor Nr. 1 – Legen Sie Ihre unternehmensindividuellen Ziele fest.

Welche unternehmensindividuellen Ziele wollen Sie mit der Kooperation verfolgen?
Welche formalen Ziele, Sachziele und weitere Ziele wollen Sie mit der Kooperation erreichen?
Verfolgen Sie mit der Kooperation als **Oberziel** eine effektivere und effizientere Leistungserstellung?

Oberziel	Effektivere und effizientere Leistungserstellung
Formalziele	Wirtschaftlichkeit verbessern, Rentabilität erhöhen, Erfolgspotenzial kreieren, Wettbewerbsvorteil durch Kosten- und Risikoverteilung verschaffen, Auftragszeit verkürzen, Zugang zu neuen Kompetenzen erlangen, Produktentwicklungszeit verkürzen.
Sachziele	Zugang zu neuen Märkten und Neukunden, Zusatznutzen erzeugen, Zugang zu neuen Ressourcen (Marketingmittel, Personal, Wissen), Zugang zu neuen Zielgruppen, Zugang zu neuem Verteilungskanal, Produktportfolio erweitern, Neuprodukte-Entwicklung.
Weitere Ziele	Wettbewerbsfähigkeit stärken, Erreichen eines besseren Image, Chance auf profitables Wachstum, Bekanntheitsgrad verbessern, Erzeugung von Synergieeffekte durch Imagetransfer.

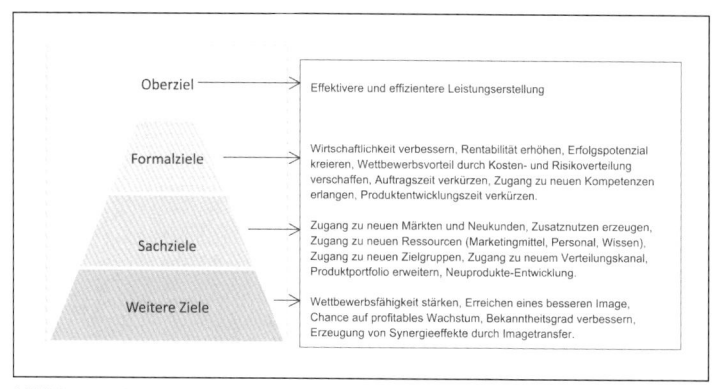

Abbildung 1: Zielkaskade in Kooperationen

Tipp: Das bewusste Setzen der eigenen Unternehmensziele ist maßgeblich für die Erfolgsbeurteilung der Kooperation.

Am Beispiel einer Markenkooperation ist die große Zielevielfalt der Partner dargestellt:

- Markenbekanntheit vergrößern, Markenimage verbessern
- Zusammenarbeit mit starken Marken soll zu positivem Imagetransfer führen
- Gemeinsamer Auftritt soll beteiligte Marken attraktiver machen
- Nutzen von Synergiepotenzial – was kann man gemeinsam günstiger machen
- Neue Zielgruppen erschließen, Adressen generieren
- Interesse von Menschen wecken, die sonst nicht auf Marke stoßen
- Plus an Service für Gäste, zusätzliche Erlöse, positive PR durch Partner
- Erhalten von Empfehlungen, Aufbau eines Netzwerks ins Luxussegment erlangen. (vgl. auch Preiniger, N.)

Tipp: Treffen Sie eine Auswahl Ihrer wichtigsten Kooperationsziele.

Erfolgsfaktor Nr. 2 – Verfolgen Sie mit der Kooperation das win^3-Prinzip.

Mit dem win^3-Prinzip schaffen Sie eine Win-win-win-Situation für alle Beteiligten, für sich als Unternehmen, den Kooperationspartner und den Kunden.
Die sich ergebenden Vorteile der Kooperation müssen Ihren Aufwand bzw. den Gesamtaufwand der Kooperation überwiegen und Ihr Endkunde muss von der Kooperation profitieren.

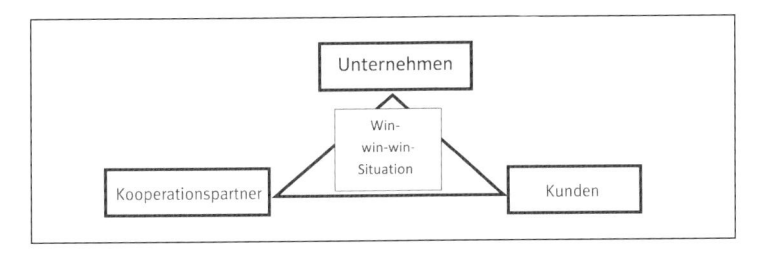

Abbildung 2: Win-win-win-Situationen – win³-Prinzip

Ein ganz wichtiges Ziel der Zusammenarbeit ist die Schaffung eines erkennbaren Mehrwerts oder Zusatznutzens für den Kunden, auch um eine langfristige Kooperation zu realisieren.

Tipp: Prüfen Sie, ob der Zusatznutzen vom Kunden bemerkt wird.

Erfolgsfaktor Nr. 3 – Schenken Sie dem Kooperationspartner Ihr Vertrauen.

Vertrauen ist die wichtigste Grundlage jeder Kooperationsbeziehung. Ohne Vertrauen kommt keine Kooperation zustande. Entsteht eine Kooperationsbeziehung, sind Vertrauensneigung und Vertrauenswürdigkeit notwendig, dabei ist dieses Vertrauen kulturbedingt oder liegt beim Entscheidungsträger vor. Vertrauen hat zwei Komponenten, die soziale Vertrauenskomponente lässt die Kooperation entstehen, damit wird Verhaltens- und Beziehungsunsicherheit beeinflusst, und die ökonomische Vertrauenskomponente beurteilt die Leistungsfähigkeit des Partners. Vertrauen ist in allen Phasen der Kooperationsbeziehung wichtig und ganz besonders in Innovationskooperationen.

Erfolgsfaktor Nr. 4 – Passt der Kooperationspartner zu Ihnen?

Ist Ihr Partner passend und kooperationsfähig? Beide Partner müssen notwendige persönliche Eigenschaften haben wie: Vertrauenswürdigkeit, Aufrichtigkeit, gegenseitiges Wohlwollen, Zuverlässigkeit und wahrgenommene Kompetenz der Partner.

Tipp: Prüfen Sie die Fähigkeit des Partners zur Gestaltung der Kooperation bezogen auf die Inhalte, Aufgabenverteilung und Dauer der Zusammenarbeit.
Achten Sie auf die Art und Weise zur Ansprache des potenziellen Partners.
Koordinieren Sie die Abläufe und legen Sie Verantwortliche für die Partnerschaft gemeinsam fest.
Generieren Sie gemeinsames Wissen und lernen Sie voneinander.

Erfolgsfaktor Nr. 5 – Kooperationsmanagement ist der Umgang mit Widerstand.
In Kooperationen treten unweigerlich Widerstände auf und bei Beginn der Zusammenarbeit gibt es sogenannte Beharrungstendenzen. Die Begeisterung in Betrieben für eine neue Kooperation ist im Grunde nicht automatisch vorhanden. Sie müssen bei Beginn einer Kooperation die Kooperationsbereitschaft und Veränderungsbereitschaft fördern. Widerstandserkennung und Behandlung ist Pflicht. Sie können mit Widerstand unterschiedlich umgehen:

- Finden Sie eine gemeinsame Umsetzungsgeschwindigkeit.
- Finden Sie durch Verhandlungen mit dem Partner Ihre Richtung.
- Stärken Sie auch andere Partner oder halten Sie nach alternativen Ressourcen Ausschau.

Tipp: Verändern Sie gewachsene Strukturen und Abläufe geplant. Der Umgang mit Kulturvielfalt ist Pflicht.

Schulen Sie die Beteiligten im Umgang mit Emotionen und interkultureller Kompetenz.

Erfolgsfaktor Nr. 6 – Bleiben Sie in Kooperationen gelassen.
Eine Kooperation braucht Entwicklungszeit. Wettbewerbsvorteile ergeben sich häufig aus Zeitvorteilen, indem Produkte schnell auf den Markt gebracht werden. Schnelle Erfolge sind häufig nicht realisierbar. Ausdauer und Geduld gehören dazu, wie ein längerfristiger Zeithorizont.

Tipp: Beginnen Sie mit einer Kooperation in einem unkritischen, Bereich, z. B. mit einer Einkaufskooperation oder einem kleinen gemeinsamen Projekt. Erst nach erfolgreicher Zusammenarbeit wird die Kooperation auf andere sensiblere Bereiche ausgedehnt.

Erfolgsfaktor Nr. 7 – Legen Sie Erfolgsindikatoren von Kooperationen fest.
Es ist schwierig, **ein** geeignetes Maß für die Erfolgsmessung von Kooperationen festzulegen. Empirisch lässt sich **ein** geeignetes Erfolgsmaß nicht finden und eine langandauernde Kooperation lässt nicht ohne Weiteres auf den Erfolg schließen. Eine Kooperation kann sich in verschiedene Richtungen mit mehr oder weniger Erfolg entwickeln. Dabei kann es zur **Verschmelzung** mit dem Partner oder zur **Übernahme** durch den Partner kommen oder es kommt zu einer **Auflösung**. Eine Beurteilung des **Kooperationswertes** kann über abgeleitete Ziele

der Kooperationspartner erfolgen. Wenn die Ziele der Partner realistisch waren und mit der Zeit angepasst wurden, ist ein positiver Kooperationswert realisierbar.

Erfolgsmessungen können sich am **Input** oder **Output** orientieren. In der inputorientierten Messung werden eingesetzte Ressourcen erfasst. Vor allem junge Unternehmen konzentrieren sich auf die Inputerfassung, wohingegen wachsende Unternehmen stärker outputorientierte Erfassungen vornehmen und sich auf die Zielerreichung konzentrieren. Erfolgsbewertungen werden als Soll-Ist-Vergleich oder Abweichungsanalyse vorgenommen.

> **Tipp:** Finden Sie Ihre individuellen Erfolgsmaßstäbe.
> Generierte Abschlüsse und neue Adressen sind Erfolgsindikatoren, Feedback der Presse und der Kunden vor Ort, finanzielle bzw. quantitative Erfolgsgrößen z. B. Umsatz, Gewinn und Wachstum der Kooperationspartner oder die Stabilität der Kooperation.

10-Punkte-Praxisleitfaden für den Einstieg in Kooperationen

1. Kann die Leistung auf dem **Markt** oder **intern** bezogen oder erstellt werden?
2. Was sind die **(unternehmens-)individuellen Ziele**? Ist die Kooperation für das strategische Ziel der Unternehmung im Vergleich zu alternativen Transaktionsformen sinnvoll?
3. In welchen **Wertschöpfungsaktivitäten** ist eine Kooperation sinnvoll?
4. Welchen **Nutzen/Mehrwert** hat der Kunde von (m)einer Kooperation?
5. Kosten-Nutzen-Evaluation machen - Welche **Kosten** entstehen und welchen **Nutzen** hat mein Unternehmen/Partnerunternehmen aus der Kooperation?
6. Passt der Partner im Hinblick auf Fundamentales, Unternehmenskultur und Strategie?
7. Was sind die **gemeinsamen Ziele** der Kooperation? Empfehlung schriftlich festlegen.
8. Wer wird das Kooperationsteam?
9. Wie wird der Erfolg der Kooperation beurteilt?
10. Welche Geschäftsrisiken können auftreten? - Stichworte: Haftung, Finanzen, Image.

Vor- und Nachteile von Kooperationen

Die **Vorteile** der Kooperation gegenüber dem Outsourcing oder der internen Leistungserstellung liegen in der Verbesserung von Kompetenzen und der Kontrolle über die Funktion, den Prozess oder die Leistung und dem Zugang zu marktspezifischem Wissen, damit wird eine Reduzierung des Know-how-Abflusses und geringere Abhängigkeit erreicht und neue Märkte werden erschlossen.

Als **Nachteile** von Kooperationen gegenüber dem Outsourcing oder der internen Leistungserstellung werden eine weit geringere Machtdurchsetzung, zunehmende Interessensgegensätze der Eigenkapitalgeber und die besonders aufwändigen Führungsprozesse gesehen. Es entsteht ein größerer Abstimmungsaufwand und zusätzlicher Koordinationsbedarf. Zeit für Absprachen und Zielsetzungen muss eingeplant werden, Kosten für neues oder zusätzliches Werbematerial, größere Anzeigen, Verwässerung des Angebots eigener Dienstleistungen, Kompromissbereitschaft muss sich entwickeln und zum eigenen Unternehmen passen. Inkompetenzen fallen auf die Partner zurück. Als Rückschläge für eine Kooperation gelten der Verlust des guten Rufs des Partners in der Öffentlichkeit oder die Kooperation erfährt keine Akzeptanz auf dem Markt.

> Für Querleser: Kurzfassung der Erfolgsbedingungen der Kooperationen

Primäre Erfolgsbedingungen für Kooperationen sind ein oder mehrere passende Partner, die zielabhängige Aufgabenerfüllung, das sich deckende **Ziel der Partnerschaft**, ein abgestimmter Vertrag und **Vertrauen.** Gute Kommunikation, ein Controlling und die Grenzen der Kooperation sollten existent sein.

Der **Partner** kann für die Anbahnung von Kooperationsverhandlungen erfolgreich sein. Eine zentrale Bedeutung kommt der Aufgabenerfüllung zu, um einen Wert hervorzubringen und damit die **Win-win-win-Situation** zu erwirtschaften. Wohlüberlegte klare und eindeutige **Ziele der Partnerschaft** sind zu formulieren, um eine wirtschaftliche und zweckmäßige Aufgabenteilung zu bewirken und damit auf eine langfristige und solide Zusammenarbeit hinzuwirken. **Gegenseitiges Zielcommitment** fördert dauerhafte Qualität der Zusammenarbeit im Netzwerk. Je umfangreicher sich eine Kooperation gestaltet, desto essenzieller wird ein konkreter und gründlich ausformulierter Vertrag, um die Aufgabenerfüllung zu gewährleisten. Es ist ein flexibler Vertrag, der einen Entscheidungsspielraum offen lässt, zu formulieren, der sich im Laufe der Zeit erst entwickelt. Er soll Eskalationspläne und Regelungen für Konflikte enthalten. Ein vertrauensvolles Verhältnis zum Partner ist eine unbedingte Voraussetzung, die durch vertrauensfördernde Maßnahmen wie persönliche Treffen oder gemeinsame Aktivitäten geschaffen werden kann. Eine **gute Kommunikation** und der **Informationsaustausch** sind wichtig, damit sich ein gegenseitiges Verständnis entwickelt und ein geringes Ausmaß an Steuerung und Kontrolle notwendig wird, neues Wissen entsteht und das Lernen vom Partner gefördert wird. Das Controlling soll die Entwicklung eines Koordinationsprojektes im Hinblick auf die Kooperationsziele überprüfen. Dabei betrifft das Controlling den Beitrag der Partner zum Erfolg. Diese Evaluation erfolgt mittels eines Kosten-Nutzen-Vergleichs oder als Soll-Ist-Vergleich, in dem ein Leistungsvergleich zwischen realisierter und geplanter Leistung vorgenommen wird. Es ist ausschlaggebend für den Erfolg, ob den beteiligten Partnern klar ist, dass ihre eigene Wettbewerbsfähigkeit erhalten bleiben muss. Dafür können Sicherheitsmechanismen eingebaut werden, die allerdings auch als Barrieren den Erfolg behindern können.

Fazit

Die Kooperation ist nur überzeugend, wenn es überwiegend um die **Wissensintegration**, den **Wissenstransfer** und den **Wissenserhalt** und **neue Produkte, neue Dienstleistungen** und **neue Märkte** geht. Ganz besonders in neuen Märkten und in dem Zugang zu neuen Kunden liegen versteckte Chancen, das haben die meisten großen Unternehmen bereits erkannt und umgesetzt. Eine Kooperation stellt sich ihnen zumindest als echte Alternative zwischen Outsourcing und Insourcing dar. Zu beachten allerdings ist die wesentlich komplexere und zeitaufwändigere Gestaltung einer Kooperation. Daher muss eine Kooperation die Stärken der marktlichen und hierarchischen Lösungen kompensieren, um als Gestaltungsalternative vorteilhafter zu sein. Kooperieren Sie sich erfolgreich!

Literaturverzeichnis

Branz, Petra: Effizienz und Effektivität von Marketingkooperationen, in Reihe: Medienmanagement, Band 3, Hrsg. Breyer- Mayländer, Thomas, Josef Eul Verlag Lohmar 2009.
Franz, Melanie: Wege zu einer gelasseneren Kooperationspraxis. Bausteine eines widerstandssensiblen Kooperationsmanagement in: Zeitschrift Organisationsentwicklung Ausgabe 2, München 2013 (32-38).
Hagenhoff, Svenja: Kooperationsformen – Grundtypen und spezielle Ausprägungen
http://www.webdoc.sub.gwdg.de/ebook/serien/lm/arbeitsberichte_wi2/2...OnlineDocument 2.04.2013, 2004.
Jenewein, Wolfgang/Kaufmann Gwen/Wichert Christine: „Drum prüfe, wer sich bindet ..."- Eine empirische Untersuchung zur Wirkung von Markenkooperationen, in: Marketing Review St. Gallen Fachzeitschrift für Marketing 03/2007 (35-39).
Jochims, Helke. Erfolgsfaktoren von Online-Marketing-Kooperationen, Deutscher Universitätsverlag, Hrsg.: Albers Sönke, Wiesbaden 2006.
Preiniger, Nicole. Markenkooperationen, Erfolgsfaktoren, Implementierung und Management in: Band 5: Marketing und Kooperationen, Hrsg : Noshokaty, Döring & Thun, Josef Eul Verlag GmbH, Lohmar 2010.

Quellen für die Abbildungen

Abbildung 1: Zielkaskade in Kooperationen
BILD: Eigene Erstellung. TEXT: In Anlehnung an Branz, Petra S. 29-31: Effizienz und Effektivität von Marketingkooperationen, in Reihe: Medienmanagement, Band 3, Hrsg. Breyer-Mayländer, Thoma, Köln 2009.
Abbildung 2: Win-win-win-Situationen – win³-Prinzip Vgl. Branz, Petra S. 25: Effizienz und Effektivität von Marketingkooperationen, in Reihe: Medienmanagement, Band 3, Hrsg. Breyer-Mayländer, Thomas, Köln 2009.

Rolf Sawall
Diplom-Ingenieur (FH) für Chemische Verfahrenstechnik
Fachingenieur für Kunststoffanwendung

Rolf Sawall durchlief die normale Karriere eines Ingenieurs: mit Bauklötzern spielen, den elterlichen Wecker sowie das Kofferradio auseinandernehmen. Später folgten nach dem Studium der Chemischen Verfahrenstechnik und der Kunststoffanwendung noch ein paar Erfindungen.

Er war in zahlreichen Unternehmen der Material verarbeitenden Industrie tätig und verfügt daher über ein generalistisches Technologiewissen.

Nach mehreren Weiterbildungen erkannte er seine intuitive Begabung, die er gezielt trainierte und für die Lösung von technischen Problemen sowie zur Analyse und Optimierung hochkomplexer Strukturen aller Art einsetzte.

2011 gründete er das Ingenieurbüro „Sawall – Technologie & Intuition" und berät seitdem vor allem technologieorientierte Industrieunternehmen, meist im Automobilbau und in der Kunststoffverarbeitung. Dabei setzt er mentale Techniken für die Optimierung von Fertigungsabläufen, zur Lösung von Qualitätsproblemen und für die Entwicklung neuartiger Produkte und Verfahren ein.

www.maschinenfluesterer.com

Intuition als Schlüssel zur individuellen Technologielösung

Wie Sie mit Geistesblitzen bahnbrechende Produkte und Verfahren entwickeln und hochkomplexe Aufgaben lösen

Was ist Intuition?

Was wirklich zählt, ist Intuition. – Albert Einstein

Was ist Intuition, wer hat sie und wo kommt sie her?

Intuition ist eigentlich nichts Besonderes. Sie ist eine Eingebung und die natürliche Art der Entwicklung von etwas Neuem. Mit Geistesblitzen überwinden Sie die Schranke zur nächsten Technologiegeneration. Es mag aber sein, dass das etwas ungewöhnlich für Sie klingt, denn tatsächlich wird Intuition in der Industrie äußerst selten einbezogen. Nehmen wir aber beispielsweise Edison oder Einstein: Sie haben ihre Ideen nicht aus der Analyse des Altbekannten entwickelt. Da wäre vielleicht eine Kerze mit längerer Brenndauer herausgekommen. Und einen Vorläufer der Relativitätstheorie gab es gar nicht. Nein, diese Entdeckungen sind den Erfindern in einem Geistesblitz gekommen (lateinisch: Intuition).

Intuition bedeutet einfach: Wissen, was zu tun ist, und gehört zu unserem Leben ganz normal dazu. Und bestimmt haben auch Sie Intuition. – Finden Sie es heraus.

Drei kleine Beispiele für Intuition im Alltag:
1. Eine Mutter weiß auch ohne Babyphon, wenn ihr Baby Hilfe braucht.
2. Wenn Sie Ihre Brille suchen, gehen Sie intuitiv zur richtigen Stelle. Lediglich, wenn Sie sie nicht sehen, weil die Zeitung darauf liegt, beginnen Sie in der ganzen Wohnung danach zu suchen.
3. Ein Baseballspieler muss vorher wissen, wohin der Ball fliegen wird, um ihn zu fangen. Und er weiß es.

Wenn also Intuition so etwas Normales ist, haben dann auch Tiere Intuition? Sie haben ja nicht dieses großartige Instrument des Verstandes, über das nur die Spezies Mensch verfügt. Brauchen Sie auch nicht, denn eine Katze oder ein Hund wissen völlig ohne Verstand, ob ihr Menschenpartner auf dem Weg nach Hause ist.[1] Vielmehr würde sie ihr Verstand nur irritieren und zu Überlegungen führen wie: „Kehrt er vorher noch beim Italiener ein? Vielleicht hat er mich ganz vergessen." Nein, der Verstand würde die klare Intuition der Katze nur verwirren, so wie er das bei den Menschen tut. Deswegen sind Sie als Mensch gut beraten, die Einflüsterungen des Verstandes so weit wie möglich ungehört zu lassen.

Intuition – Ein historischer Exkurs

Überall geht ein frühes Ahnen dem späteren Wissen voraus. - Alexander von Humboldt

Intuition bzw. geistiges Wissen ist die ursprüngliche Methode zum Erfassen und Lösen hochkomplexer Sachverhalte. Die Natur und das Universum haben eine solche Komplexität, dass sie mit rationalen Analysen und Schlussfolgerungen des Verstandes nicht erfasst werden können.

In der Frühzeit der menschlichen Entwicklung entsprach unser Bewusstsein dieser Tatsache und Menschen waren zu Leistungen in der Lage, die uns aufgrund der heute üblichen, vom Verstand dominierten Betrachtung unerklärlich erscheinen. So ist es eine Tatsache, dass die Maya vor einigen Tausend Jahren ihren astronomischen Kalender entwickelten, ohne Geräte für die Untersuchung der Konstellation der Himmelskörper. – Sie hatten die genialen Erkenntnisse, die unsere heutigen Astrophysiker so sprachlos machen, durch Intuition.
Vor allem im Zuge der Aufklärung setzte sich allerdings die rationale Denkweise durch, die auf der Grundlage zunehmender wissenschaftlicher Erkenntnisse bis heute den Eindruck vermittelt, dass die Rationalität der Schlüssel wäre zum vollständigen Erkennen des Universums. Besonders in den technisch hoch entwickelten westlichen Ländern wird seitdem rationales Denken als der alleinige Weg zur Erkenntnis angesehen und geistiges Wissen diskreditiert. Außerhalb Europas jedoch ist das Bewusstsein weiterhin auf dem ursprünglichen Stand erhalten geblieben und man hat dort Zugang zur Intuition.

Ist Intuition also ein neuer Trend in der Wissenschaft?

Nein, Intuition ist so alt wie das Universum selbst und unabhängig von wissenschaftlichen Fortschritten. Allerdings öffnen sich in den letzten Jahren wieder zusehends mehr Menschen dafür. Sie kommen in die Lage, ihr Bewusstsein auf ein höheres Niveau zu bringen und ihre Intuition für die Lösung der Probleme unseres Daseins einzusetzen. Man spricht deshalb von einer Bewusstseinsevolution der Menschheit.[2] Tatsächlich beobachten Astrophysiker gegenwärtig verstärkt Vorgänge im Universum wie Sonneneruptionen oder kosmische Strahlung, die nach Erfahrungen von Biophysikern die Bemühungen von Menschen hin zu einem höheren Bewusstsein unterstützen.

Arten der Intuition

Wir alle wissen mehr als das, wovon wir wissen, dass wir es wissen. - Thornton Wilder

Der Begriff Intuition wird bei Weitem nicht eindeutig angewandt, obwohl vermutlich jeder genau davon überzeugt ist. Grund dafür ist die fehlende Kenntnis über Intuition, ganz zu schweigen von deren Anwendung. - Hier nun der Versuch einer Unterscheidung:

Erfahrungsintuition
Im deutschen Sprachgebrauch ist das Wort Intuition durchaus üblich, vorwiegend allerdings für eher profane Erkenntnisprozesse, die man auch beschreibt mit „Gewusst wie" oder „Von selbst drauf kommen". Die hier eingeführte Kombination der Begriffe Erfahrung und Intuition ist in sich widersprüchlich, da sich beide gegenseitig ausschließen. Da allerdings sehr häufig der Begriff Intuition fälschlich verwendet wird für die Nutzung des Verstandes und der Erfahrung, soll dem damit Rechnung getragen werden. Gemeint ist das zielsichere Auswählen einer Möglichkeit oder Kombination von Möglichkeiten aus dem persönlichen Erfahrungswissen zur Lösung einer Aufgabe.
Ein bekanntes Beispiel für Erfahrungsintuition ist die sogenannte „Intuitive Benutzerführung" im Menü von Computerprogrammen. - Wie stark man bei der Suche nach einem Menüpunkt allerdings von seiner Erfahrung abhängig ist, mussten die Anwender bei der Umstellung der Menüstruktur eines weit verbreiteten Office Programms von der Version 2003 auf 2010 bitter erkennen.
Ein Autofahrer beispielsweise findet das Bremspedal vermutlich ganz „intuitiv", oder korrekt formuliert: mit automatisiertem Handeln. Weitere Beispiele finden sich in der Übertragung von Erfahrungen aus anderen Branchen oder Erfahrungsbereichen, wie die Renaissance des Kopfhörers infolge dessen Kombination mit einem tragbaren Kassettenspieler, der Walkman genannt wurde.

Entscheidungsintuition
Für strategische Entscheidungen ist in den Unternehmen nicht immer umfangreiches Faktenmaterial verfügbar und oft herrscht Zeitdruck. Deshalb wird in den Chefetagen schon hin und wieder zusätzlich zu den Resultaten des Verstandes auch Intuition eingesetzt. Das Markante hierbei ist, dass der Verstand nur als Berater eingesetzt wird, aber die endgültige Entscheidung aus dem Bauch kommt, also von der Intuition des Managers.[3]

Universale Intuition
Die universale Intuition ist hochkomplex und entspricht in ihrem Wesen der Komplexität des Universums. Sie ermöglicht die Erkenntnis und Lösung aller natürlichen Phänomene. Durch ihre Anwendung in der Technologie ist es möglich, neuartige Fertigungslösungen zu entwickeln, die aufgrund des bekannten technischen Wissens nicht möglich wären und die nichts mit der Erfahrung zu tun haben.
In technischen Sachverhalten ist Intuition insbesondere für die Analyse und Lösung von Fehlern, die zum ersten Mal auftreten, von Bedeutung. Ebenso für die Entwicklung neuartiger Technologien. Die Richtigkeit intuitiver Einsichten ist meist sofort erkennbar und kann mit herkömmlichen Methoden überprüft werden. Um diese Art der Intuition geht es in vorliegendem Aufsatz.
Sie ist nicht geeignet für Erkenntnisse über Produkte des menschlichen Verstandes. Diese können nur mit Verstand und Erfahrung erkannt und verbessert werden.

Über den Nutzen von Erfahrung

Wir glauben Erfahrungen zu machen, aber die Erfahrungen machen uns. - Eugène Ionesco

Erfahrungen gelten als wertvoller Schatz und sind die Arbeitsgrundlage von Spezialisten. Sie sind Erkenntnisse des Verstandes, die in der Vergangenheit unter bestimmten Bedingungen gemacht wurden. Unser Verstand überträgt diese Erkenntnisse in die Zukunft und sagt voraus, was möglich sein wird und was nicht. Diese Übertragung ist aber sehr unzuverlässig, da die Bedingungen oft nicht die gleichen oder unbekannt sind.

Kann es also sein, dass die Erfahrungen der Vergangenheit unsere Möglichkeiten für revolutionäre technische Neuentwicklungen begrenzen?

Tatsächlich führen Technologieentwicklungen nach den klassischen Mechanismen des Ver-

standes lediglich zu klassischen Ergebnissen – vielleicht mit gewissen Verbesserungen. So wie etwa die Kombination eines Mobiltelefons mit einem Navigationsgerät.
Die bekannten Grenzen des technisch Möglichen setzen bereits bei der Ideenfindung die Schranken für den Bereich der neuen, zu entwickelnden Lösung. Eine „Schere im Kopf" schneidet alle Gedanken ab, die für den Verstand nicht akzeptabel sind. – Die technische „Revolution" ist auf diese Weise nicht möglich.

Nun ein einfaches Beispiel zu Erfahrungen, die bei neuartigen Problemen nicht weiterhelfen: Seit einer Woche quietscht das Scharnier Ihrer Tür. – In den zehn Jahren davor hat es bestens funktioniert. Ihre Methode dafür war es, sich nicht darum zu kümmern. Mit diesem bisher nützlichen Erfahrungswissen haben Sie es auch in der letzten Woche versucht – ohne Erfolg! Ihr Verstand und Ihre Erfahrungen sind also nicht geeignet, ein neuartiges Problem zu lösen. Sie erkennen hier, dass eine Methode erforderlich ist, die das zu erreichende Ziel beschreibt, ohne sich beeinflussen zu lassen von Methoden und Erfahrungen der Vergangenheit, den technischen Gesetzen und der subjektiven Erfolgseinschätzung.

Zur Lösung des Quietsch-Problems müssen Sie also das Ziel des geräuschlosen Scharniers definieren, losgelöst von der Erfahrung, dass die übliche Methode zum Erreichen des Ziels im Nichtstun besteht. Erst durch die Loslösung von einer als sicher geltenden Methode bzw. einem Denkansatz kommen Sie in die Lage, physikalische Phänomene wie Haftung, Frequenz oder Schallübertragung im Detail zu analysieren. – Für das Finden der genauen Problemursache und der Abhilfemaßnahmen dazu ist dann vielleicht gar nicht so viel Intuition erforderlich, sondern eher Schmierfett.

Erfahrungen sind also nicht der Weg zu bahnbrechenden Neuentwicklungen oder hochkomplexen Erkenntnissen. Vielmehr sind sie ein Hindernis dafür. In technischen Anwendungen sollte die Intuition aber mit dem Verstand kombiniert werden. Er ist ein gut geeignetes Instrument zur Überprüfung der durch Intuition gefundenen Lösungen. Dabei darf er jedoch nicht die führende Rolle bekommen.

Probleme kann man niemals mit derselben Denkweise lösen, durch die sie entstanden sind. – Albert Einstein

Das Potenzial von Technologie und Intuition

Mit Logik kann man Beweise führen, aber keine neuen Erkenntnisse gewinnen, dazu gehört Intuition. - Henri Poincare

Was hat denn Intuition mit Technologie zu tun? Technologie ist etwas Konkretes, aber Intuition ist nur geistig. Ist das nicht bloß so eine Spinnerei?

Werden technologische Aufgaben auf der Grundlage bisheriger Erfahrungen gelöst, kann das Ergebnis nicht das Niveau bisheriger Lösungen übersteigen. Um den Rahmen des gegenwärtigen Standes der Technik zu sprengen, wird zusätzliches Wissen benötigt, das nicht aus den Erfahrungen der Vergangenheit entspringen kann. Die Quelle für dieses zusätzliche Wissen ist die universale Intuition. Dabei ist Intuition nichts Außergewöhnliches. Die technische Weiterentwicklung, dokumentiert durch viele Erfindungen, belegt auch heute ihr Wirken.

Mit drei Schritten zur individuellen Technologielösung

Intuition ist das Finden der richtigen Frage. – Ernst Pöppel

Kommen wir nun zur Praxis. Beschreiben Sie zunächst den gegenwärtigen technischen Stand und die Kritik daran. Dazu folgt jetzt die Entwicklung der neuen Lösung.

Methode zur Entwicklung revolutionärer technischer Lösungen in drei Schritten

1 Ziel bestimmen
Beschreiben Sie das Ziel ungeachtet der technischen Machbarkeit

2 Hindernisse erkennen
Analysieren Sie die Hindernisse auf dem Weg zum Ziel

3 Lösung ermitteln
Finden Sie Wege zum Umgehen der Hindernisse oder zu deren Beseitigung

Damit ist der Weg zum Ziel frei und es folgt die Umsetzung der Lösung in die Praxis. Die intuitive Lösung wird mit dieser Methode sehr einfach. Sie hat zwei wesentliche Aspekte: die klare Strukturierung der bestehenden Sachlage für die nun folgenden Schritte sowie die Abschaffung der „Schere im Kopf".

Dazu folgt nun ein bewusst abstraktes Beispiel für diese Methode:

- 1. Ziel: Sie brauchen einen Schreibtisch, der einen Meter hoch in der Luft schwebt.
- 2. Hindernis: Die Schwerkraft zieht ihn wieder herunter.
- 3. Lösung: Das Hindernis umgehen Sie, indem Sie längere Füße an den Tisch schrauben. Oder, falls z. B. die Bedingung lautet, dass Sie keinen Fußboden unter dem Tisch haben, dann hängen Sie ihn an vier Seile.

Die Lösung ist übrigens auch in tatsächlichen Fällen oft so einfach, dass es schon peinlich ist, sie überhaupt zu erwähnen.

Techniken für den Zugang zur Intuition

Ich denke, also bin ich. - René Descartes

Nun bleibt noch zu klären, wie Sie Ihre Intuition freilegen. Und so geht es:

Hören Sie auf Ihre innere Stimme, der erste Gedanke ist immer der richtige! - Das Haupthindernis für die Intuition ist die „Schere im Kopf", also der Verstand. Nur wenige Sekunden nach der intuitiven Lösung schlägt Ihr Verstand zu und erdrosselt die zarte Idee. Das gilt besonders für Spezialisten oder Realisten, die versponnene Ideen schnell abwürgen. Träumer, oder nennen wir sie Visionäre, haben meist eine ausgeprägte Intuition, der allerdings oft die Bodenhaftung fehlt. Also der erforderliche Anteil von Fachwissen. Sehr Erfolg versprechend bei der Entwicklung neuer Lösungen ist daher die Zusammenarbeit von Visionären mit Realisten

Der entscheidende Schritt zum Benutzen der Intuition ist das Erkennen des eigenen Defizits. Wer am Ende eines Tages merkt, dass er eine Idee abgewürgt hat, ist schon einen wesentlichen Schritt weiter.

Wie kann sich Ihre Intuition entfalten?

Schaffen Sie zunächst eine qualifizierte Aufgabenstruktur, in der Ihre Intuition strukturiert wirken kann, so dass daraus klare Gedanken entstehen können.
Strukturieren Sie Ihre Vorgehensweise entsprechend der Drei-Schritte-Methode.
Halten Sie Ihren neunmalklugen Verstand an kurzer Leine und fantasieren Sie so gut wie möglich. Für Visionäre gilt das Gegenteil. Sie müssen sich „lediglich" das nötige Fachwissen aneignen ...

Ziehen Sie sich zurück und schauen Sie in sich hinein. Achten Sie auf die Ideen, die plötzlich auftauchen. Schreiben Sie alles sofort auf.

Seien Sie zurückhaltend mit dem üblichen Brainstorming als Lösungsfindung. Der „Gedankensturm" fegt meistens die zarten intuitiven Ideen hinweg.

Gedanken und Worte sind Resultat des Verstandes und verdrängen in den meisten Fällen die Intuition.
Denn Intuition ist nur in den Sekunden möglich, die frei von Gedanken sind. – Und frei von Worten! Bedenken Sie, dass ein Mensch im Mittel 400 Worte pro Minute denkt. Wenn Sie zusätzlich ein Gespräch führen, wird das dramatisch mehr. Wenn Sie ein Streitgespräch führen oder im Stress sind, ist keine Intuition möglich. Da können Sie nur althergebrachte Lösungen neu variieren.

Rahmenbedingungen für die Intuition

Sollten Sie im Fertigungs- oder Büroumfeld gar nicht zur Intuition kommen, schaffen Sie andere Rahmenbedingungen:

Nehmen Sie die qualifizierte Aufgabenstellung als Grundlage, um Ihre Intuition aufkommen zu lassen. Laut und monoton ratternde Maschinen sind als Kulisse dafür nicht so schlecht geeignet. Finden Sie dann eine Möglichkeit für ein Treffen fern von Stückzahlen, Telefonanrufen und Störungsmeldungen, um Ihre Ideen miteinander auszutauschen.

Im Büro brauchen Sie einen Weg, um den normalen Bürostress zu vermeiden. Großraumbüros sind völlig ungeeignet. Gehen Sie gesprächigen Kollegen aus dem Weg. Verbannen Sie den selbst oder fremd auferlegten Stress aus Ihrem Kopf.

Schalten Sie das Radio aus – keine Nachrichten, keine Musik, die Ihre Aufmerksamkeit erregt, kein Lärm. Vermeiden Sie jede Art von Kommunikationstechnik wie E-Mail, SMS oder Telefon und, das ist ebenso wichtig, erwarten Sie keine Kommunikation. Der durchschnittliche durch Kommunikationstechnik geschädigte Mensch von heute wird statistisch schon nach 11 Minuten unruhig, wenn er keine Ablenkung bekommt.

Gönnen Sie sich Muße. Bereiten Sie genüsslich einen Kaffee oder besser Tee und verrühren den Zucker in großer Ruhe. Sofern Sie Ihr Leben mittels Zigaretten verkürzen, sollten Sie wenigstens den Terminstress herausnehmen und Ihr Gift nicht flott inhalieren, sondern genüsslich zu sich nehmen.

Selbstverständlich ist die Akzeptanz für die Muße der Mitarbeiter bei deren Chefs ausgesprochen gering. Deshalb ist die Optimierung Ihres Arbeitsumfeldes für die Intuition die eigentliche Herausforderung. Sie werden aber die Chancen für die Änderungen erkennen, vielleicht durch Intuition ...

Eventuell können Sie auch Situationen in Ihrem Privatleben für die Intuition benutzen, die besonders wenig mit Gedanken ausgefüllt sind. Das tägliche Zähneputzen ist dafür gut geeignet, da die meisten das auswendig können.

Erforderlich ist es dann lediglich noch, die aufkommende Intuition auch zuzulassen, also offen dafür zu sein. - Lehnen Sie sich zurück und warten Sie darauf. Allein Ihre Sensibilisierung dafür wird Ihnen erste Erfolge bescheren. Haben Sie überall einen Notizblock zur Hand!

Sollten Sie den Eindruck haben, noch mehr für Ihre Intuition tun zu müssen, gibt es noch einige substanzielle geistige Methoden, die hier nur erwähnt werden sollen:
Transzendentale Meditation zur Optimierung Ihrer Gehirnstrukturen[4]
Dialog mit Ihrer inneren Stimme in stark entspanntem Alpha-Zustand[5]
Bearbeitung eines Entscheidungsthemas in einer Zen-Meditation[6]
Dialog zu einem Entscheidungsthema mit einer geistigen Autorität im Gebet
Oder probieren Sie mal aus, ein Wochenende lang zu schweigen. Das wird eine sehr tiefe Erfahrung. Nehmen Sie dafür z. B. an einem Zen-Seminar teil.[7]

Erfahren Sie unbegrenzte Möglichkeiten!

In der lebendigen Natur geschieht nichts,
was nicht in einer Verbindung mit dem Ganzen steht.
Johann Wolfgang von Goethe

Starten Sie durch. Schaffen Sie die Schranken für die Entwicklung Ihrer Technologie einfach ab, denn diese Schranken existieren nur in Ihrem Kopf. - Denken Sie anders und seien Sie offen für verrückte Ideen!

Sie kennen nun die drei Schritte, die zu Ihrer neuen Technologie führen.

Ignorieren Sie die physikalischen Gesetze. Diese gelten alle nur unter bestimmten Bedingungen. Wenn Sie die Naturgesetze nicht ändern können, dann nehmen Sie andere Bedingungen und sie stehen Ihnen nicht mehr im Weg. Hören Sie auf Ihren ersten Gedanken, der kommt von der Intuition.

Denken Sie nicht: „Das klappt sowieso nicht." So haben Sie in der Vergangenheit bereits unbewusst Intuition eingesetzt. Und dieses Ziel, wenn auch pessimistisch, ist eingetreten. Machen Sie es jetzt anders herum.

Durchbrechen Sie die Denkbarrieren und damit die Grenzen des Machbaren. - Lassen Sie sich dabei nicht entmutigen. Wenn Sie nach einem Fehlschlag merken, dass Sie etwas falsch gemacht haben, ist schon dieses Bewusstsein ein großer Erfolg.

Intuition hat Ähnlichkeiten mit dem Fahrradfahren. Am Anfang klappt es nicht so recht. Radeln hat dabei noch den Vorteil, dass Sie alle anderen bereits fahren sehen. Das spornt an. - Aber bei der Lösung von Technologieproblemen wollen Sie ja die anderen hinter sich lassen. Welch ein motivierendes Ziel. Verlassen Sie den Verband der Nachmacher und werden Sie Trendsetter in der Technologie.

Also: Los geht's!

Die größte Entscheidung deines Lebens liegt darin, dass du dein Leben ändern kannst, indem du deine Geisteshaltung änderst. - Albert Schweitzer

Literatur und Informationen
- Auf den Spuren der Intuition - BR-alpha; DVD 2010, http://www.intuition-dvd.de/
- Intuition – Haysworld, Ausgabe 1/ 2013, http://www.haysworld.de/ausgaben/2013/01/
- Rupert Sheldrake: „Der siebte Sinn der Tiere", FISCHER Taschenbuch, 2007, ISBN 3596174961
- Dieter Broers: „Revolution 2012" – Scorpio Verlag, DVD, http://www.revolution-2012.com/der-film/
- The Transcendental Meditation Program, http://www.tm.org/research-on-meditation
- Clemens Kuby: „Heilung - Das Wunder in uns" – Kösel-Verlag 2005, ISBN 978-3-466-34485-7
- Albert Pietzko: Kurs „Meditation und Coaching", http://unternehmensberatung-heiligenfeld.de
- Benediktushof - Zentrum für Zen-Meditation und spirituelle Wege, www.benediktushof-holzkirchen.de
- Mirsakarim Norbekov: „Eselsweisheit - Der Schlüssel zum Durchblick" – Arkana Verlag 2006, ISBN 978-3-442-21776-2
- Tatyana und Georgi Jerkov: – Kurs „Methode der Tausend Meister", http://www.jerkov.de/
- „Bleep – Down The Rabbit Hole – Das Mysterium geht weiter" - Horizon Film; DVD, http://www.horizonshop.de/bleep-down-the-rabbit-hole.html
- Baur, Brinkmann, Osswald, Schmachtenberg: „Saechtling Kunststoff Taschenbuch" – Hanser Verlag, ISBN 978-3-446-40352-9

Quellenverzeichnis
[1] Rupert Sheldrake: „Der siebte Sinn der Tiere", FISCHER Taschenbuch, 2007, ISBN 3596174961
[2] Dieter Broers: „Revolution 2012" – Scorpio Verlag, DVD, http://www.revolution-2012.com/der-film/
[3] Intuition – Haysworld, Ausgabe 1/ 2013, http://www.haysworld.de/ausgaben/2013/01/
[4] The Transcendental Meditation Program, http://www.tm.org/research-on-meditation
[5] Clemens Kuby: „Heilung - Das Wunder in uns" – Kösel-Verlag 2005, ISBN 978-3-466-34485-7
[6] Albert Pietzko: Kurs „Meditation und Coaching", http://unternehmensberatung-heiligenfeld.de
[7] Benediktushof - Zentrum für Zen-Meditation und spirituelle Wege, www.benediktushof-holzkirchen.de

Jörg Schneider

Jörg Schneider studierte Betriebswirtschaftslehre mit den Schwerpunkten Marketing und Organisation an der Universität Bayreuth. Eine weitere akademische Station führte in die USA, wo er mit dem Titel MBA abschloss (Fokus: Organisational Behaviour & Leadership). Er startete seine erfolgreiche Karriere als Investment Manager im Venture-Capital-Bereich, leitete anschließend ein Software-Unternehmen als Vorstand Marketing/Vertrieb und suchte als Personalberater mehrere Jahre erfolgreich Führungskräfte für die Wirtschaft.

Auch in seiner Freizeit beschäftigt sich Jörg Schneider mit Spitzenleistung. Er ist ehemaliges Triathlon-Nationalmannschaftsmitglied, mehrfacher Ironman-Top-Finisher (2 x Weltmeisterschaften auf Hawaii), Ultramarathonläufer (u.a. 100-km-Läufe und den berühmten Transalpine Run über 8 Tage und 320 km). Er erbringt hier wirkliche Top-Leistungen, denn es geht ihm nicht „nur" um's bloße Durchkommen, sondern darum, vorne in der Spitzengruppe dabei zu sein. Seine Ergebnisse bestätigen dies.

www.jörgschneider.com

Leistung erbringen und Spaß dabei haben

Motivation für Leistung

Warum geben wir nicht unser Bestes? Warum verschwenden wir unsere wertvolle Lebenszeit mit nutzloser Rumtrödelei? Ach, das tun Sie gar nicht. Dann herzliche Gratulation - Sie gehören zu den wenigen Menschen, die das von sich behaupten können. Falls Sie lieber noch einmal in Ruhe darüber nachdenken möchten: Im Folgenden stelle ich ein paar Ideen vor, die Ihnen helfen können, noch mehr Ihr wahres Potenzial auszuleben, um die Welt mit all Ihren Stärken und Talenten zu beglücken und Ihnen dabei mehr Spaß und Befriedigung zu verschaffen.

Die Grundfrage ist doch die: Warum möchte ich überhaupt irgendeine Leistung erbringen, noch dazu eine herausragende? Warum? Was ist mein Motiv?

„Wenn das Warum groß genug ist, ergibt sich das Wie und Was fast von selbst."

Wenn meine Hauptmotivation für Leistungserbringung extrinsisch (von außen kommend) ist, ist sie in aller Regel nicht von Dauer. Es existieren genügend Studien, die zeigen, dass 5000 Euro mehr an Jahresgehalt gerade einmal für drei Monate unser Motivationsniveau anheben. Danach sind wir wieder dort, wo wir vorher waren. Gleiches gilt für andere materielle Dinge wie Dienstwagen etc.

Wenn nun aber meine Motivation von innen kommt (intrinsisch), kann und sollte ich mich fragen, was mich antreibt. Das Warum ist eine gefährliche Frage, wenn man sie anderen Menschen in Diskussionen und Verhandlungen stellt, denn sie führt meist in Rechtfertigung und Debatte. Aber sich selbst gefragt, ist sie eine machtvolle Waffe. Warum gehe ich hier links und nicht rechts? Warum will ich dies und nicht das? Warum präferiere ich dieses und nicht jenes Produkt? Warum treffe ich jetzt keine Entscheidung? Diese Liste ließe sich beliebig lange fortführen.

Warum nicht einfach Spitzenleistungen erbringen aus dem reinen Spaß an der Freude? Einfach so. Grundlos. Warum nicht einfach Spitzenleistungen erbringen, weil ich daran wachse, dazulerne und mich weiterentwickle? Sicher hat die Erbringung von Spitzenleistung auch seine Entsprechung im Materiellen. Normalerweise ist der Zusammenhang zwischen Leistung und Entlohnung - gerade im oberen Segment - durchaus sichtbar. Aber die Chance besteht, dass ich beginne, mich nur deshalb anzustrengen, weil ich eine entsprechende Vergütung dafür erwarte. Das ist zwar völlig in Ordnung, aber wir sollten uns darüber im Klaren sein, dass wir uns damit wieder abhängig machen von eben jener Vergütung. Die hohe Kunst ist es, etwas grundlos zu tun - einfach nur, weil wir Freude daran haben. Eine der besten Fragen zu diesem Thema lautet:

Würde ich das, was ich hier tue, auch tun, wenn ich nicht dafür bezahlt würde?

Wenn Sie diese Frage mit Ja beantworten können, sind Sie auf dem richtigen Weg. Schauen wir uns so manchen Profisportler an: Die meisten Tennis-, Golf- oder Fußballprofis der Spitzenklasse müssten natürlich alle schon lange nicht mehr ihren Sport betreiben. Warum machen sie es dennoch? Mit extrem harter Arbeit, unglaublich vielen Entbehrungen, ständig am Rande von Verletzungen und Schmerzen? Warum? Da ist sie wieder: Die Frage nach dem Warum, nach dem Motiv. Diese Menschen sind alle intrinsisch motiviert. Sie alle haben ein mehr oder weniger klares Warum in ihrem Leben gefunden. Und genau das kommt beim Publikum an! Die Menschen spüren: Hier tut einer etwas, woran er einfach so Spaß hat. Die Spielfreude der Sportler ist spürbar. Und viele Zuschauer sehen auch deshalb gern diesen Sportlern zu, feuern sie an, spüren die Energie und Lebensfreude, die diese ausstrahlen. Dabei muss es sich natürlich nicht um Profis handeln. Jeder, der zum Beispiel schon einmal direkt an einer Marathonstrecke stand und den vielen Tausend Amateuren zugeschaut hat, wie sie sich über die 42,195-km-Strecke quälen, weiß, was ich meine. Da sind viele Sportler, die sich über vier Stunden lang quälen und gleichzeitig ein fast erleuchtet wirkendes Lächeln zeigen. Die pure Freude an der Leistungserbringung inklusive eines kleines Hormon-Cocktails.

Es geht nicht darum, der Schnellste, Größte oder Beste zu sein - es geht darum, wir selbst zu sein. Ich glaube felsenfest daran, dass es ein Teil von uns ist, unsere eigenen Grenzen auszuloten, unsere Talente zu nutzen und unsere Stärken einzusetzen für ein größeres Ganzes. Aber auch, um uns selbst dabei glücklich und zufrieden zu fühlen. Ich denke, es ist das Natürlichste der Welt, dass wir unser eigenes Potenzial voll entfalten wollen und sollen. Und ich glaube, dass viel Leid und Krankheit aus dem Umstand erwächst, dass wir eben dies oft nicht tun; dass wir zurückhalten und nicht unser Bestes geben; dass wir sterben mit dem Wissen, nicht das Beste aus uns herausgeholt zu haben, nicht unser Potenzial voll auf die Straße gebracht zu haben, nicht unsere Stärken zum Wohle des Ganzen eingebracht zu haben - nicht voll und ganz gelebt zu haben.

„Life is either a daring adventure or nothing at all."
Helen Keller

Wenn wir den Leistungsgedanken nicht automatisch gleichsetzen mit Druck und Zielerreichung, können wir auch viel entspannter die uns offerierten Möglichkeiten nutzen. Wenn wir nicht immer Zielen hinterherhecheln, sind wir viel eher in der Lage, unsere Fähigkeiten und Kompetenzen auszubauen und zu verfeinern.

Auch meine persönliche Erfahrung im Leistungssport zeigt mir, dass ich stets am meisten Spaß an der Sache hatte, wenn keine großen Erwartungen auf mir lasteten und ich mich selbst überraschen konnte. Sobald es ernster wurde (Leistungserwartungen und -normen in der Nationalmannschaft, Preisgelder), konnte ich sehen, wie die pure, natürliche, unverfälschte Freude an der Sache an sich abnahm.

Was hält uns eigentlich davon ab, der zu sein, der wir sein wollen? Es sind unsere Gewohnheiten, Routinen und Rituale im Denken, Fühlen und Handeln. Und darum kümmern wir uns in einem der nächsten Kapitel.

Potenzial

Das Wort Potenzial stammt vom lateinischen „potentia", was so viel bedeutet wie „noch nicht realisierte Möglichkeit". Voraussetzung ist jedoch ein Vermögen, eine Disposition. Philosophisch gesehen ist der Gegenbegriff dazu „Akt" (vom lateinischen „actus"), nämlich die konkrete Realisierung bzw. Verwirklichung dieser potenziellen Möglichkeiten.
Wichtig für die Erbringung von Spitzenleistungen ist also sowohl ein vorhandenes Potenzial als auch das zielgerichtete Handeln. Sind die Fähigkeiten noch nicht ausgebildet, kann man sie vielleicht entwickeln? Auch hier ist wieder ein interessanter Aspekt von Leistungserbringung zu sehen: Der Weg ist das Ziel! Allein die Entwicklung von Fähigkeiten, das Entfalten von Möglichkeiten ist der halbe Spaß. Manche behaupten, es sei der ganze Spaß. Es ist ein wenig wie beim Sex. Ein allzu zielorientiertes Vorgehen hin zum Höhepunkt verdirbt das ganze Vergnügen an der Sache. Von einem Höhepunkt kann es per definitionem eben nur noch bergab gehen. Das bringt meist weniger Freude.

Der Weg ist das Ziel.

Deshalb kann man bei den meisten Top-Performern erkennen, dass sie, sobald sie ein Ziel erreicht haben, ihr Potenzial auf die Straße gebracht haben, mehr oder weniger automatisch und sofort sich neuen Zielen zuwenden. Das Potenzial ist vorhanden und will zum Ausdruck gelangen.

Gleichzeitig ist Potenzial ohne den Akt, die Ausführung, das Traurigste, was es gibt. Nur wenn wir ins Tun gelangen, leben wir unser Vermögen aus. Nur dann passiert irgendetwas. Aus diesem Grund braucht es beides: Potenz und Akt - Vermögen und das Ausleben dieses Vermögens im aktiven Tun.

Was hält uns vom aktiven Tun ab? Es sind unsere schwachen Gewohnheiten und Routinen im Denken, Fühlen und Handeln, das, was manche Menschen den „inneren Schweinehund" nennen. Damit wird das Unvermögen beschrieben, willensstark und diszipliniert vorzugehen und zu handeln (lateinisch „incontinentia": Willensschwäche, Unbeherrschtheit).

Eine ganz andere grundlegende Entscheidung ist es, herauszufinden, was oder wer wir sind, und danach zu handeln.

„Versuche nicht, ein Handwerker zu sein, wenn du ein Künstler bist!"

Mit anderen Worten: Finde heraus, was dich ausmacht, was dich einzigartig macht. Was sind deine Stärken - was deine Schwächen? Wie steht es mit deinen Talenten? Welche Fähigkeiten hast du, über die andere nicht oder nicht so ausgeprägt verfügen? Die Chance, dass Sie nur ein zweitklassiger Handwerker sind (um im obigen Beispiel zu bleiben), ist ausgesprochen groß. Was aber noch wichtiger ist: Sie enthalten uns (der Welt) Ihre wahren Talente und Fähigkeiten vor. Und das sollten Sie nicht! Sie wären vielleicht ein wunderbarer, einzigartiger Künstler. Möglicherweise würden Sie nicht ganz so viel Geld verdienen. Die Chancen sind aber groß, dass Sie als erstklassiger Künstler (oder was auch immer) mehr Geld verdienen können, als wenn Sie irgendetwas zweitklassig machen. Außerdem geht es glücklicherweise im Leben nicht nur um Geld. Ganz im Gegenteil:

„Alles, was Sie wirklich brauchen, können Sie mit Geld nicht kaufen.
Alles, was Sie mit Geld kaufen können, brauchen Sie nicht wirklich."

Gewohnheiten

Wer möchte ich morgen sein? Das ist die Millionen-Dollar-Frage!

Will ich immer genau der Gleiche bleiben, der ich jetzt schon bin? Oder will ich mich verändern, bin aber nur noch nicht ganz bereit, meine (vielleicht) suboptimalen Gewohnheiten zu verändern? Vielleicht geht es mir ja wie den meisten Menschen: Ich habe ein Bild eines besseren Selbst irgendwo in den tiefen Windungen meines Gehirns abgespeichert. Der Geist ist zwar willig, aber das Fleisch ist schwach …

Eigentlich würde ich gern richtig gut als Musiker, Maler, Athlet, Ehemann, Ehefrau, Vater, Mutter, Chef, Autor, Designer, Programmierer, Reisender, Zimmermann, Gärtner oder Unternehmer sein. Ein Experte in irgendetwas. Oder einfach nur ein besserer Mensch?

Wie gelangen wir von A nach B - von dort, wo wir momentan stehen, zu unserem Traumziel? Schreiben Sie vielleicht Ihren Wunsch auf einen Zettel, packen ihn in eine Flasche und senden ihn um die Welt? Schreiben Sie ihn in Ihr Tagebuch mit der Hoffnung, dass er sich schon irgendwie von selbst erfüllt? Dieser Wunschglaube scheint ein weit verbreitetes Phänomen zu sein. Wünsch dir einfach etwas „beim Universum" und - schwups - wird es erfüllt. Wenn Sie an den Osterhasen glauben, dann können Ihnen auch die folgenden Schritte nicht helfen. Dieser Prozess kann Ihnen ohnehin nicht helfen. Sie können sich nur selbst helfen. Allerdings gibt es ein paar hilfreiche Tipps, die Ihnen vielleicht weiterhelfen können.

1. Schritt für Schritt mit nur einer Sache, die Sie verändern wollen. Sie können diese Regel brechen - seien Sie nur nicht überrascht, wenn's schiefgeht. Gehen Sie (besonders zu Beginn) erst zur zweiten Gewohnheitsänderung über, wenn Sie die erste abgeschlossen haben!
2. Beginnen Sie zuerst ganz klein! Ganz klein! Ich schreibe mir zwar die Finger wund und rede mir den Mund fusselig, aber trotzdem hält sich keiner an diese simple Regel. Es ist zum Haare ausreißen (deshalb habe ich schon kaum mehr welche)! Wenn Sie beispielsweise Sport/Bewegung in Ihren Alltag integrieren wollen, dann fangen Sie in Gottes Namen mit 20 Minuten an. Wenn das zu viel ist, beginnen Sie mit zehn, sonst mit fünf. Wenn Sie nicht einmal einen korrekten Liegestütz schaffen, machen Sie die Oma-Variante (es sieht ja niemand zu). Ziel muss sein, es zu tun. Machen Sie es sich so einfach, dass Sie keine Ausreden mehr finden können, es nicht zu tun. Auch wenn Sie es für völlig lächerlich halten - wichtig ist, dass Sie es tun! Das ist viel wichtiger, als WIE VIEL Sie tun. Nebenbei

wären einige erstaunt, wie viel man mit nur 2 x 20 Minuten Sport pro Woche schon erreichen kann. Sie werden rasch erkennen, wie lebensverändernd 40 Minuten Sport sein können!

3. Gewohnheiten lassen sich viel leichter durch die Macht der Rituale erreichen. Also nutzen Sie Rituale! Machen Sie beispielsweise was auch immer Sie verändern wollen zur gleichen Tageszeit in der gleichen Umgebung, vielleicht mit den gleichen Menschen. Das ist nebenbei eine der Ausnahmen, die ich auf der vorigen Seite ansprach: Wenn Sie sich mit einer Gruppe Gleichgesinnter verabreden können (gleicher Ort, gleiche Zeit), dann flutscht das wie von selbst!

4. Achten Sie auf Ihre negativen Gedanken! Die meisten Menschen unterschätzen bei Weitem, wie viele negative Gedanken sich üblicherweise täglich einschleichen. Besonders in zwei Situationen kann uns unser innerer Schweinehund einen üblen Streich spielen: (1) Wenn wir mit einer Sucht aufhören wollen (z. B. Rauchen) - „Ach komm schon, nur eine einzige Zigarette" und (2) wenn wir eine neue positive Gewohnheit verankern wollen (z. B. Laufen) - „Ist es diese Schinderei wirklich wert?", „Was willst du dir eigentlich beweisen?" Seien Sie ehrlich zu sich selbst: Wie oft haben solcherlei Gedanken Sie von Besserem abgehalten? Lassen Sie sie ziehen wie die weißen Wolken am Himmel. Es sind nur Gedanken. Seien Sie wachsam und lassen Sie sich Ihr Leben nicht von ihnen kaputtmachen!

5. Denken Sie nicht „Ich reiße mich jetzt zusammen und verweigere mich dieser einen Zigarette" oder so etwas. Die neue, positive Gewohnheit, die Sie in Ihrem Leben verankern, bringt Sie nicht am anderen Ende des Regenbogens ins gelobte Land. Ihre neuen positiven Gewohnheiten sind Ihr neues, besseres Leben! Ziel sollte es sein, so rasch wie möglich den Spaß, die Freude, ja den Genuss dieser neuen Gewohnheit auszukosten. Wie allgemein im Leben, sollte der Weg das Ziel sein, nicht irgendein fernes Ziel.

6. Was passiert, wenn Sie schwächeln? Für diesen Fall (der sich öfter zeigt, als den meisten lieb ist) sollten Sie einen Plan haben. Seien Sie darauf vorbereitet, dass es passieren kann, und schmeißen Sie dann nicht die Flinte ins Korn, nur weil Sie einen schlechten Tag hatten oder Ihnen dieses eine Mal etwas dazwischengekommen ist. Wir sind alle nur Menschen - seien Sie tolerant zu sich! Plan A sollte auf jeden Fall sein, sofort wieder zu starten.

7. Übernehmen Sie Verantwortung! Sie sind sich allein gegenüber Rechenschaft schuldig. Erfahrungsgemäß kann es aber sehr hilfreich sein, wenn Sie einen Wetteinsatz riskieren, der Ihnen wirklich wehtut. Die erste Stufe ist, es offen auszusprechen. Das reicht schon für viele als unterschwelliges Druckmittel sich selbst gegenüber: „Wenn alle Welt weiß, dass ich xy machen will, und es dann wieder nicht gebacken bekomme - wie stehe ich dann da?" Die verschärfte Version ist, dass Sie tatsächlich Geld einsetzen. Entweder ver-

sprechen Sie einem Freund einen gewissen Betrag, den Sie an ihn auszahlen, sollten Sie schwach werden, oder gehen einen Schritt weiter und setzen öffentlich einen Betrag für eine Sache, die Ihnen sehr widerstrebt (z. B. als Mitglied der Partei „Die Linke" eine 2000 €-Spende an die CSU). Mittlerweile gibt es diverse Internet-Portale, die Ihnen gern bei diesem Thema helfen (z.B. www.habitforge.com).

Glück, Zufriedenheit und Lebensfreude

Das bringt uns auch sogleich zu den Themen, auf die es nach aktueller Forschung tatsächlich ankommt. Ein universelles (allgemein gültiges) Prinzip scheint unabhängig von Kultur, Rasse, Religion etc. das Streben nach Glück im Sinne von Zufriedenheit und Lebensfreude zu sein. Wenn das aber unser höchstes Ziel ist, warum verhalten wir uns dann häufig so gar nicht danach? Warum verschwenden wir unsere Zeit mit nutzlosen Dingen, die unser gefühltes Glück in keiner Weise steigern? Wenn wir der einschlägigen Forschung Glauben schenken dürfen, sind es vor allem vier Dinge, die uns ein Gefühl von Glück bescheren:

· Wahrgenommene Kontrolle über unser Leben (ansonsten fühlen wir Stress, woraus sich langfristig das hochaktuelle Thema Burnout ergibt)
· Wahrgenommene Entwicklung (Vorankommen)
· Verbindung (mit anderen Menschen)
· Bedeutung/Sinn (sich als Teil eines größeren Ganzen wahrzunehmen)

Die gute Nachricht: Alle diese Dinge können wir beeinflussen. Mit anderen Worten: Wir haben unser Glück tatsächlich in unserer Hand. Was auf der anderen Seite heißt, dass es keinen Grund dafür gibt, andere Menschen oder Dinge, die wir ohnehin nicht beeinflussen können, für unser Glück und unsere Lebensfreude verantwortlich zu machen.

Sie sind verantwortlich für Ihr Leben und das Erleben Ihres Lebens. Niemand sonst!

Sie haben die ultimative Kontrolle über Ihr Leben. Also handeln Sie gefälligst verantwortlich und übernehmen diese Herrschaft!
Sie können sich entwickeln in Ihrem Leben, wie Sie es wollen. Also handeln Sie gefälligst verantwortlich, machen sich einen Plan, wie und wohin Sie sich entwickeln wollen, und gehen Sie den ersten Schritt!
Sie können sich mit anderen Menschen verbinden. Es hindert Sie niemand daran (von wenigen Ausnahmen abgesehen, aber wenn Sie beispielsweise in Einzelhaft sitzen, werden Sie

vermutlich nicht dieses Buch lesen und dann haben Sie auch andere Probleme und müssen gerade die Konsequenzen Ihres Tuns verantworten). Also handeln Sie gefälligst verantwortlich und umgeben sich mit den Menschen, mit denen Sie Zeit verbringen möchten, von denen Sie lernen wollen, die Sie inspirieren!
Sie geben Ihrem Leben einen Sinn. Niemand sonst. Wenn Sie daran glauben, dürfen Sie alternativ auch gern irgendwo im Außen nach einem Sinn suchen. Die Chancen stehen aber gut, dass Sie sich von diesem äußeren Einfluss abhängig machen - wollen Sie das? Handeln Sie lieber verantwortlich und geben Sie selbst Ihrem Leben einen Sinn bzw. eine Bedeutung. Nebenbei erwähnt: Das Wort Bedeutung kommt von Deutung - da haben Sie es bereits im Wort! Sie deuten die Dinge in Ihrem Leben. Sie erleben Ihr Leben.

Hierzu ein Beispiel: Letztens fuhr ich mit einem Freund zu einem Lauf in den Bergen. Im Radio lief ein alter Song aus den Achtzigern (genau meine Musik). Mein Freund bat mich, den Sender zu wechseln. Ich schaute ihn verdutzt an, da ich doch ganz offensichtlich mit viel Lust mitgesummt hatte und mich des Lebens erfreute. Auf meine Nachfrage verriet er mir, dass er mit diesem speziellen Lied eine schmerzliche Beziehungskrise verband und deshalb mich bat, möglichst schnell etwas anderes zu hören. Das konnte ich nachvollziehen und entsprach natürlich seiner Bitte. War der Song nun gut oder schlecht? Weder noch - sowohl mein Freund als auch ich verbanden etwas mit diesem Lied. Aber weder seine schlechte noch meine gute Verbindung ändern etwas an diesem Song. Es ist eben nur, was wir daraus machen. Wie mein alter Zen-Meister immer zu sagen pflegte: „Don't make anything!" (frei übersetzt: „Mach keine Sachen!"). Oder wie in einem anderen Zen-Spruch:

„Im Leben gibt es weder Gut noch Schlecht; heilig und nicht-heilig sind leere Namen."

Und noch etwas zum Thema Kontrolle: Die gefühlt nicht vorhandene Kontrolle (gerade in unserem Arbeitsleben) ist mit einer der Hauptgründe für Stress und Burnout. Menschen, die das Gefühl haben, Kontrolle zu haben über das, was sie tun, sind praktisch nie unter den Burnout-Opfern zu finden. Millionen von Selbstständigen, die am Rande der Selbstausbeutung wirken und ganz locker 60-Stunden-Wochen wegstecken, sind der lebende Beweis. Genau wie Millionen von stressgeplagten Angestellten, die sich in ihrer Freizeit als ehrenamtliche Übungsleiter weitere zehn Arbeitsstunden aufbrummen. Warum machen sie das? Weil es ihr Lebensglück steigert, indem sie beispielsweise als Vereinsvorstand die Gemeinschaft mit anderen Menschen schätzen (Verbindung) und einen Sinn darin sehen, Jugendliche an das Thema Sport und Leistungserbringung heranzuführen (Bedeutung/Sinn).

Die Welt braucht Sie in Ihrer großartigsten Form! In der Form, in der Sie Ihr volles Potenzial auspacken und auf den Boden bringen, in der Sie großartig sind und wunderbare Dinge tun!

Vera Thumsch

*Diplom-Kauffrau (Univ.), Bankkauffrau (IHK),
lizenzierte Trainerin für Mentale Aktivierung (MAT) und Mentale Relaxation (MRT®)*

Vera Thumsch war über 10 Jahre als Fachreferentin und Projektleiterin im Strategischen Marketing, Produktmanagement und Vertriebscontrolling tätig (Branchen: Bankwesen, IT-Consulting). Hinzu kommen vielfältige Erfahrungen im Ausbildungsbereich: Tutorin an der Universität Passau, Betreuerin von Trainees, Praktikanten und Studenten im Rahmen ihrer Tätigkeit als Fachreferentin. Im ehrenamtlichen Bereich ist sie seit etlichen Jahren in leitenden Funktionen engagiert.

Als „Kopfarbeiterin" aus Leidenschaft absolvierte Vera Thumsch im Jahr 2010 berufsbegleitend die Ausbildung zur Trainerin für Mentale Aktivierung bei der Gesellschaft für Gehirntraining e.V. Im Folgejahr gründete sie ihr Unternehmen „Denknatur".

In ihren Vorträgen und Brainwalking-Kursen für Unternehmen, Privatpersonen und (Sport-)Vereine stehen der Spaß am Gehirntraining und dessen unterschiedliche Einsatzmöglichkeiten an oberster Stelle. Die leicht zu erlernenden und hoch wirksamen Übungen wählt Vera Thumsch kundenspezifisch aus, ergänzt sie um aktuelle Erkenntnisse aus der Hirnforschung und um praxisorientierte, sofort umsetzbare Tipps & Tricks zur Verbesserung des Denkvermögens.

www.denknatur.de

Mentales AktivierungsTraining (MAT) – das Erfolgskonzept für Beruf und Alltag

Zum Einstieg – erfrischen Sie Ihr Gehirn!

Wie viele Vierecke sehen Sie? Schätzen Sie zunächst und zählen Sie dann!

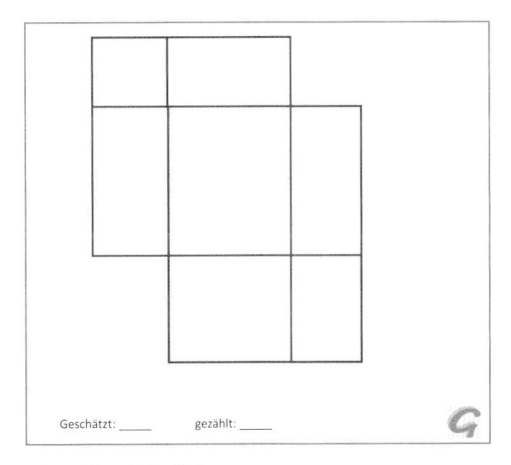

Abb. 1: Viereck-Suche[1]

Auf den ersten Blick sieht diese Übung ganz einfach aus. Und auf den zweiten Blick? Sie überlegen hin und her, Sie betrachten das Bild von allen Seiten – und entdecken immer neue Möglichkeiten! Genau das ist der Effekt des Mentalen AktivierungsTrainings (MAT): Sie versetzen Ihr Gehirn in einen konzentrierten und aufnahmebereiten Zustand. Jetzt können Sie schneller, flexibler und kreativer denken – kurz gesagt: Sie können die maximale Leistung aus Ihren grauen Zellen herausholen!

Wussten Sie ...

... dass Ihr Gehirn die Konsistenz eines weich gekochten Eies hat und sich darin 100 Milliarden Nervenzellen verbergen, die alle miteinander vernetzt sind?

... dass Ihr Gehirn nur ca. 1,3 kg wiegt, aber 20 - 25 % der gesamten Körperenergie verbraucht?

... dass Trinken die Intelligenz steigert?[2]
Unser Gehirn besteht zu 75 % aus Wasser. Bekommt es zu wenig Flüssigkeit, kann der IQ bis zu 15 Punkte abfallen!

... dass Ihnen Krawatten Ihre Kreativität rauben können?[3]
Ein zu eng gebundener Schlips drosselt die Versorgung des Gehirns mit Nährstoffen, so dass dessen Leistung um bis zu 10 % sinken kann.

... dass Sie durch einen Lachanfall, Panik oder Erschrecken die vorangegangenen 10 - 20 Minuten vergessen können?

Schnelles Denken braucht Gelassenheit!

Jeden Tag strömt eine riesige Flut an Informationen auf uns ein, die aufgenommen, bewertet und in unser aktuelles Arbeits- oder Lebensumfeld sinnvoll eingeordnet werden will. Jeder von uns erlebt zudem eine mehr oder weniger ausgeprägte Fremdsteuerung durch sein persönliches und berufliches Umfeld. Da wir Menschen von Natur aus neugierig sind, erfordert es jeden Tag von Neuem ein gehöriges Maß an Selbstdisziplin, dass wir uns nicht dauernd ablenken lassen, z. B. von eingehenden Anrufen, E-Mails oder den vielen Surfangeboten im Internet.
Deutlich im Vorteil ist in diesem Umfeld derjenige, der vorausschauend agieren bzw. schnell reagieren kann und auf diese Weise seinen Mitbewerbern immer ein kleines Stück voraus ist. Gefragt ist neben einer sehr guten Auffassungsgabe auch eine effiziente Informationsverarbeitung, also schnelles Denken. Wem es gelingt, sich in diesen beiden Schlüsselkompetenzen weiter zu steigern, ebnet damit den Weg für noch mehr Erfolg in Beruf und Alltag.

Darüber hinaus benötigen wir eine gehörige Portion Gelassenheit, um die täglichen Anforderungen souverän zu meistern. Dies klingt zunächst banal, ist jedoch in der Praxis oft nur schwer umsetzbar. Wer bleibt schon gelassen, wenn das Telefon permanent klingelt, E-Mail und Handy laufend piepsen, alle gleichzeitig etwas von einem wollen, man zu allem Übel noch unter Termindruck steht und eigentlich „nur" arbeiten will!?
Dabei gilt vor allem für Aufgabenstellungen, die viel Konzentration oder Kreativität erfordern, dass weniger manchmal mehr ist: Eine bewusst eingeschobene und gut genutzte Pause ist oftmals effektiver und unter dem Strich zeitsparender, als sich über Stunden durch die Aufgabe zu quälen, um am nächsten Tag doch nicht mit dem Ergebnis zufrieden zu sein.

Es erfordert Mut und viel Selbstdisziplin, sich in stressigen Situationen bewusst kurze geistige Auszeiten zu genehmigen. Und - wir müssen wissen, wann diese Auszeiten am besten einzulegen sind und wie wir sie sinnvoll nutzen können, um hinterher wieder voll leistungsfähig zu sein.

> ✎ MAT zwischendurch: Silben abstreichen
> Streichen Sie in diesem und dem folgenden Kapitel auf Geschwindigkeit alle Endungen auf „-en" ab. Gehen Sie dabei nicht zurück, um zu prüfen, ob Sie alle Endungen gefunden haben, sondern versuchen Sie schnell und trotzdem gründlich zu sein. Danach lesen Sie normal weiter.

Mentales AktivierungsTraining (MAT) – Das Erfolgskonzept

Das Gesamtkonzept des Mentalen AktivierungsTrainings, das seit den 1980er-Jahren von der Gesellschaft für Gehirntraining (GfG e.V.) kontinuierlich erforscht und weiterentwickelt wird, setzt genau an diesen Punkten an.
Zielsetzung von MAT ist die Steigerung der geistigen Leistungsfähigkeit, also unseres Denkvermögens. Dabei wirkt es wie ein Aufwärm- bzw. Lockerungstraining für das Gehirn.

Das Herzstück von MAT sind wissenschaftlich geprüfte Übungen, die direkt den Arbeitsspeicher als Zentraleinheit unseres Denkens aktivieren (Kurzzeitgedächtnis oder „flüssige Intelligenz"). Es trainiert dabei die beiden Grundfunktionen der geistigen Fitness:

- die Merkspanne = derjenige Zeitraum, in dem eine neue Information im Bewusstsein bleibt. Das sind lediglich ein paar Sekunden!
- die Informationsverarbeitungsgeschwindigkeit (IVG) = Denkschnelligkeit

Zusätzlich umfasst MAT den Baustein MRT® = Mentales RelaxationsTraining. MRT® ist eine Technik zur mentalen Entspannung, die uns nach einer 2-3-wöchigen Einübungsphase dazu befähigt, auch in stressigen Situationen „kühlen Kopf" bewahren zu können.
Abgerundet wird das Gesamtkonzept durch wissenschaftliche Hintergrundinformationen darüber, wie jeder Einzelne seine individuelle Arbeits- und Alltagssituation „gehirngerecht" gestalten kann, um das Optimum aus seinen grauen Zellen herausholen zu können.

Wichtig ist die Abgrenzung von MAT zum klassischen Gedächtnistraining. Letzteres ist darauf ausgerichtet, möglichst schnell möglichst viele Informationen im Langzeitgedächtnis abzuspeichern (kristalline Intelligenz). Dabei kommen in der Regel Lerntechniken und Lernstrategien zum Einsatz. Gedächtnistraining kann optimal mit MAT kombiniert werden: Wer MAT als mentales Aufwärmtraining vorab einsetzt, kann seine Lernleistung deutlich steigern.

Die Einsatzmöglichkeiten von MAT sind ebenso vielfältig wie individuell gestaltbar. Und das Gute ist – MAT ist kein anstrengendes Dauertraining! 5 - 10 Minuten Aktivierung reichen völlig aus, um die Denkzentrale in Schwung zu bringen. MAT-Übungen sind für jedermann ohne Vorwissen und unabhängig vom individuellen Ausgangsniveau durchführbar, gut in den Tagesablauf integrierbar und innerhalb kurzer Zeit hoch wirksam.

Der maximale Effekt des Mentalen AktivierungsTrainings wird dann erreicht, wenn es in seiner Gesamtheit durchgeführt wird. Das bedeutet, dass Phasen der bewussten mentalen Entspannung neben regelmäßigen MAT-Übungen genauso wichtig sind wie die Optimierung des Arbeitsumfelds bzw. der persönlichen Rahmenbedingungen, z. B. durch ausreichend Bewegung und Schlaf, „gehirngerechte" Ernährung, rechtzeitiges Trinken, Stressabbau, rhythmisiertes Arbeiten.

> MAT zwischendurch: „Kopfstandlesen"
> Drehen Sie Ihr Buch um und lesen Sie das nächste Kapitel auf dem Kopf! Diese kleine Übung zwischendurch wird Ihr Konzentrationsniveau und Ihre Aufmerksamkeit deutlich erhöhen.

Die Tagesform ist entscheidend!

Voraussetzung für die maximale Ausschöpfung unserer Denkleistung ist eine sensible Selbstwahrnehmung unserer Tagesform. Denn nur dann, wenn wir unser momentanes körperliches, seelisches und geistiges Befinden realistisch einschätzen können, wissen wir, an welchen „Stellschrauben" wir drehen müssen, um unsere volle Leistung erbringen zu können.

> Selbst-Check: Nehmen Sie sich mehrmals täglich kurz Zeit, um Ihre aktuelle Form einzuschätzen! Starten Sie am besten gleich jetzt damit!

Wenn wir uns „glasklar" im Kopf fühlen, sind unsere grauen Zellen voll leistungsfähig. Sind wir hingegen müde oder brummt unser Kopf schon kräftig, wird es wenig von Erfolg gekrönt sein, wenn wir dann noch ein neues Konzept ausarbeiten oder geistig kreativ sein wollen. Hier wäre eher eine Pause angebracht und die Überlegung, welche Aufgaben auf unserer To-do-Liste wir alternativ erledigen könnten. Dies können beispielsweise Recherchearbeiten für ein Konzept, ein paar unerledigte Anrufe oder die lang aufgeschobene Ablage sein. Auf diese Weise nutzen wir unsere (Arbeits-) Zeit trotzdem effektiv und erreichen dadurch eine höhere Zufriedenheit mit uns selbst. Wir haben an diesem Tag trotzdem etwas geschafft! Und meistens schreibt sich das neue Konzept am nächsten Tag wie von selbst, weil unser Kopf wieder frei ist. So haben wir unter dem Strich keine Zeit verloren, sondern insgesamt sogar mehr Leistung erbracht.

☞ Probieren Sie es aus, Ihre Aufgaben tagesformabhängig zu erledigen!
Oft geht es viel leichter, als Sie denken: Sie müssen „nur" besser auf Ihre Tagesform achten und bereit sein, Gewohnheiten zu ändern!

Nachtigall oder Nachteule?

Bei der Optimierung unserer Denkleistung spielt unser Bio-Rhythmus eine entscheidende Rolle. Er ist von Natur aus vorgegeben und kann nicht einfach übergangen werden. Wissenschaftler haben festgestellt, dass jeder Mensch pro Tag zwei Zeitfenster hat, in denen seine geistige Leistungsbereitschaft besonders hoch ist. Der erste Höhepunkt liegt am Vormittag, bei den meisten Menschen zwischen 10 und 12 Uhr, das zweite Optimum erreichen wir am späten Nachmittag, ungefähr zwischen 17 und 20 Uhr.[4]
Zwischen diesen beiden Höhepunkten sinkt unsere geistige Fitness deutlich ab, weil unsere Energiereserven langsam nachlassen. Erste Anzeichen dafür sind Unlust, der Drang nach einer Pause oder wenn wir unsere Arbeit plötzlich als viel anstrengender empfinden. Spätestens dann sollten wir uns eine Pause gönnen, vor allem, wenn wir im Tagesverlauf noch weiter konzentriert und aufnahmebereit sein wollen.[5] Diese Pause sollten wir dazu nutzen, um unsere Energiespeicher wieder aufzufüllen, also etwas zu essen und zu trinken. Auch Bewegung, vorzugsweise an der frischen Luft, bringt neuen Sauerstoff und damit wieder neuen Schwung in unsere grauen Zellen!

☞ Selbst-Check: Beobachten Sie an sich selbst, zu welchen Tageszeiten Sie am besten arbeiten können! Nutzen Sie diese Zeitfenster auch konsequent aus?

Denken ist Rhythmus

Eine wichtige Erkenntnis aus der Hirnforschung ist, dass das menschliche Gehirn <u>nicht</u> auf „Durchpowern" ausgelegt ist, d. h. über Stunden hinweg volle Leistung zu erbringen. Natürlich gibt es individuelle Unterschiede, je nach Trainingszustand, Tagesform und Aufgabenstellung. Grundsätzlich haben Hirnforscher jedoch festgestellt, dass ein rhythmisiertes Arbeiten in sogenannten Aktivitätszyklen am besten geeignet ist, um langfristig geistige Höchstleistung erbringen zu können.[6] Jeder Aktivitätszyklus besteht dabei aus drei Phasen: geistiges Warm-up mit MAT (5-10 Min.), eigentliche Arbeitsphase (je nach Anforderung 30 - 120 Min.), mentale Entspannung (5 - 20 Min.).[7] Die Kunst dabei ist, die für die Rhythmisierung notwendige Selbstdisziplin aufzubringen und vor allem, die Entspannungsphasen rechtzeitig einzuleiten.

☞ Gönnen Sie sich eine Pause zwischendurch und nutzen Sie diese effektiv! Sie werden sehen, dass Ihr Kopf hinterher viel klarer und auch wieder leistungsbereiter ist.

Denkbremse Stress

In Stress-Situationen werden unsere Ur-Instinkte im Stammhirn aktiviert und der Körper richtet sich auf die Flucht ein. Das bedeutet, dass sämtliche verfügbare Energie in der Muskulatur konzentriert wird und dadurch im Gehirn nicht mehr zur Verfügung steht. Geistiges Arbeiten in Phasen großer Anspannung oder bei Panikattacken ist deshalb nahezu unmöglich (z. B. Black-out in einer Prüfung).

Die Wissenschaft unterscheidet positiven und negativen Stress. Positiver Stress wird in der Regel selten als Stress wahrgenommen. Es ist zwar ein gewisses Druckgefühl vorhanden, das wir jedoch eher als motivierend empfinden.
Negativen Stress hingegen erleben wir überwiegend als körperliche und geistige Anspannung infolge von kurz- oder längerfristiger Überbelastung. Auslöser für negativen Stress gibt es viele, z. B. psychisch belastende Situationen im privaten Umfeld, Sorgen, Ängste, Überforderung am Arbeitsplatz, Termindruck oder Mobbing. In derartigen Stress-Situationen können MAT-Übungen bzw. das MRT® innerhalb bestimmter Bandbreiten helfen, wieder etwas gelassener und leistungsfähiger zu werden. Beim MAT empfiehlt es sich in solchen Fällen, zwei Übungseinheiten pro Tag zu absolvieren, z.B. morgens und am frühen Nachmittag. MRT® kann nach der Einübungsphase nach Bedarf auch mehrmals täglich eingesetzt werden.

✎ MAT zwischendurch:
Merken Sie sich mal wieder 2 - 3 wichtige Telefonnummern! Das trainiert nicht nur Ihre Merkspanne, sondern hat auch den großen Vorteil, dass Sie die Nummern parat haben, wenn der Akku vom Handy mal wieder leer ist ...

Machen Sie es wie Aristoteles:
Bewegen Sie sich beim Denken (und auch sonst)!

Schon die alten Griechen hatten erkannt, dass Bewegung die Denkleistung fördert, und Wandelhallen für ihre Philosophen gebaut. Die Kreuzgänge in den mittelalterlichen Klöstern sind ebenfalls aus diesem Grund entstanden.[8]
Mittlerweile ist es wissenschaftlich bewiesen, dass genügend Bewegung an der frischen Luft, z. B. in Form eines täglichen Spaziergangs oder durch regelmäßigen Ausdauersport, viel zum Stressabbau und damit zur Verbesserung unserer Denkleistung beiträgt. Unser Gehirn bekommt in Bewegung bis zu 20 % mehr Sauerstoff, wir kommen auf andere Gedanken und haben Gelegenheit, uns in Ruhe neu zu ordnen. Bei geistig anspruchsvollen Aufgaben reichen bereits kleine „Begleitbewegungen"[9], z. B. mitschreiben bei Vorträgen oder Kaugummi kauen, aus, um Aufmerksamkeit und Konzentration zu erhöhen.[10]

Hellwach im Kopf in nur 10 Minuten!

Jeder von uns kennt die Situation: Ein wichtiger Termin steht bevor, wir sind etwas angespannt, die Konzentration ist noch nicht so richtig da. Wir wollen aber gleich von der ersten Sekunde an hellwach sein, voll aufnahmefähig und schnell reagieren können. Dies ist eine klassische Situation, um sich unmittelbar vorher für 5 - 10 Minuten in eine ruhige Ecke zurückzuziehen, tief durchzuatmen (Sauerstoff!) und zwei oder drei MAT-Übungen zu machen. Auf diese Weise fahren wir unseren Arbeitsspeicher schnell auf die optimale „Betriebstemperatur" hoch und sind gleich zu Beginn des Termins hellwach.
Genauso können wir während des Arbeitens verfahren, wenn die Konzentration nachzulassen droht oder wenn wir plötzlich „den Wald vor lauter Bäumen nicht mehr sehen". Auch bei morgendlichen Anlaufschwierigkeiten ist MAT ein probates Mittel, um sich selber auszutricksen und schneller konzentriert beginnen zu können.

Steigern Sie Ihren IQ!

Bei täglichem Training über 3 - 4 Wochen hinweg verbessern sich nachweislich die Denkgeschwindigkeit und die kurzfristige Merkfähigkeit. Wir fühlen uns dadurch mental fitter und leistungsfähiger. Unsere Aufgaben empfinden wir als weniger belastend, wir fühlen uns wohler und sind insgesamt zufriedener.[11]

Regelmäßiges Training der mentalen Fitness erfordert jedoch viel Willen und Disziplin. Um das Training über mehrere Wochen durchzuhalten, empfiehlt es sich, die Trainingseinheiten fix in den Tagesablauf zu integrieren und die Zeiten – sofern möglich – auch im Terminkalender zu blocken. Am besten üben Sie gleich morgens, um sich für den Tag zu rüsten. Alternativ bietet sich der frühe Nachmittag an, z. B. zur mentalen Aktivierung nach dem Mittagessen. Abends vor dem Zubettgehen ist MAT nicht geeignet, da Sie mit einem wachen Geist schlechter einschlafen können.

Brain-Fitness-Tipps

- Trinken Sie, bevor Sie Durst haben, und zwar mindestens 2,5 Liter pro Tag![12]

- Kauen Sie zwischendrin mal Kaugummi, wenn Sie sich schläfrig fühlen! Schon diese kleine Kaubewegung sorgt für eine bessere Versorgung des Gehirns mit Nährstoffen und damit für eine verbesserte Konzentrations- und Aufnahmefähigkeit.[13]

- „Richtig frühstücken verbessert den IQ!"[14] Wer sich morgens ein gut gewähltes Frühstück gönnt, hat gleich zwei große Vorteile: Zum einen füllt er/sie die über Nacht leer gelaufenen Energiespeicher wieder auf und startet dadurch mental fitter in den Tag; zum anderen können einem Stress und Ärger weniger anhaben. Gut geeignet sind z. B. Obst, Gemüse, Müsli (ohne Schokolade!) und Milchprodukte.

- Gift für Ihr Gehirn sind Süßigkeiten, Schokolade, kalte Getränke und fette Speisen. Die Wirkung des berühmten Traubenzucker-Dopings verpufft sehr schnell; Kaltes und Fettes zieht unsere Körperenergie aus dem Gehirn ab, weil diese im Verdauungstrakt benötigt wird.[15]

- Bleiben Sie auch im Urlaub aktiv – körperlich und geistig! Ihr Gehirn verhält sich sehr nachtragend, wenn es über längere Zeit nicht gefordert wird. Zwei Wochen Faulenzurlaub reichen bereits dafür aus, dass sich unsere Denkzentrale in den „Energiesparmodus" begibt. Und aus diesem wacht sie nur unter großer Anstrengung wieder auf.[16]

Literaturverzeichnis

Gesellschaft für Gehirntraining e.V. (2005): M-A-Training Übungsbuch 2, 1. Auflage, Ebersberg
Institut für Sporternährung e.V. (o.D.), Info-Reihe „Ernährung aktiv" Nr. 4: Die Erfolgsformel: Wissen um Wasser, Bad Nauheim
Institut für Sporternährung e.V. (o.D.), Info-Reihe „Ernährung aktiv" Nr. 12: Das Frühstück, Bad Nauheim
Konnertz, Christiane und Dirk (2006): Gern-Lern-Buch, 1. Auflage, Bad Rodach
Lehrl, Dr. Siegfried (2005): Mentales Erfolgstraining, 2. Auflage, Köln, Medicus Wissen
Lehrl, Dr. Siegfried/Rommel-Sattler, Tanja (2007): Macht Bewegungsmangel dümmer?, in: Ars Medici 12/2007, S. 585-592
Lehrl, Dr. Siegfried (2010): Geistige Fitness – in der deutschen Wunschliste auf Rang 1, in: Tinnitus-Forum 1/2010, S. 17-21
Lehrl, Dr. Siegfried/von der Driesch, Dr. Volker (2010): Mehr Leistung und höheres Selbstvertrauen, in: Geistig Fit 4/2010, S. 12-15
o.V. (2011): Informierte Kaugummikauer sind doch schlauer, in: Geistig Fit 4/2011, S. 11f.
Schröder, Uwe/Wagner, Günter (2010): Trink dich schlau, in: medical sports network 06.2010, S. 44-45
www.gfg-trainerkolleg.de, Trainerservicebereich Gesellschaft für Gehirntraining e.V., abgerufen 6.4.2013

Quellenverzeichnis

[1] www.gfg-trainerkolleg.de, abgerufen am 06.04.2013, Lösung: 19 Vierecke
[2] Vgl. Lehrl, S. (2005), Cover hinten
[3] Vgl. ebenda, Cover hinten
[4] Vgl. hierzu Konnertz (2006), S. 62
[5] Vgl. hierzu Lehrl, S. (2010), S. 21
[6] Vgl. Lehrl, S. (2010), S. 21
[7] Vgl. Lehrl, S. (2005), S. 75f.
[8] Vgl. hierzu Lehrl, S./Rommel-Sattler, T. (2007), S. 586
[9] Lehrl, S. (2005), S. 51
[10] Vgl. Lehrl, S. (2005), S. 50f.
[11] Vgl. hierzu Lehrl, S./von der Driesch, V. (2010), S. 13-15 und Lehrl, S. (2010), S. 17
[12] Vgl. Schröder, U./Wagner, G. (2010), S. 45 und Institut für Sporternährung e.V., Info-Reihe „Ernährung aktiv" Nr. 4, S. 4
[13] Vgl. o.V. (2011), S. 11
[14] Institut für Sporternährung e.V., Info-Reihe „Ernährung aktiv" Nr. 12
[15] Vgl. www.gfg-trainerkolleg.de, abgerufen am 6.4.2013
[16] Gesellschaft für Gehirntraining e.V. (2005), S. 53

Mehr als Netzwerken

Wissen vernetzen

Liebe Leserin, lieber Leser,

Sie sind bereits Unternehmer oder wollen künftig in die Selbstständigkeit starten und haben deshalb zu diesem Buch gegriffen?

Es könnte nun sein, dass Sie überwältigt sind von der Themen-Fülle der 16 Beiträge dieses Buches. Sehen Sie es positiv: Nur wer seine Position als Unternehmer immer wieder durchdenkt, sich den Spiegel vorhält und in seinem Netzwerk Rückmeldungen einholt, wird bestehen und zugleich erfolgreicher und entspannter agieren können. Insofern müssten Sie durch die Fachartikel in vielen Punkten eine Positionsbeschreibung erhalten haben, durch die Ihnen viele Zusammenhänge klarer geworden sind.

Dies gilt so oder so, ob Sie nun im Management eines größeren Unternehmens oder als Einzelunternehmer Ihr Expertenwissen Dienstleistungen einbringen, Führungsteams als Trainer aus- und weiterbilden oder diese als Coach begleiten. An den Artikeln dieses Buches haben Mitglieder aus zwei Fachverbänden mitgewirkt, die durch gemeinsame Aktivitäten in der Praxis aktiv verzahnt und nur organisatorisch getrennt sind. Was daher zählt, ist nicht die Zugehörigkeit zu einem Verband, sondern das langjährige Fachwissen eines Autors. Durch gemeinsame Aktivitäten der Verbände sind beide in der Praxis verzahnt, nur organisatorisch sind sie getrennt aktiv.

Die Autoren gehören zu den engagierten Mitgliedern beider Verbände, die Sie an vielen Orten direkt erleben und befragen können: Bei den Regionaltreffen, Seminaren und Messen, virtuell auch über die Homepages und bei den XING-Gruppen sowie auf Facebook. Beide Verbände haben das Ziel, Unternehmer zusammenzubringen, ihnen das Vernetzen zu erleichtern, den Gedanken- und Ideenaustausch zu fördern und Fachwissen zu vermitteln. Das spiegelt sich auch und besonders im Programm der Verlage GABAL und Jünger wider.

Die Qualität der Verbände gründet sich auf die Qualität ihrer Mitglieder. Im Zentrum steht immer der Mensch. Vielleicht hat Sie gewundert, dass im Titel dieses Buches nicht nur vom Unternehmenserfolg gesprochen wird, sondern auch von der Gelassenheit. Ohne den Blick auf den Menschen, seine Gesundheit und seine Gefühlswelt kann sich kein nachhaltiger Erfolg entwickeln. Bei der Kommunikation unter den Mitgliedern beider Verbände erleben Sie, welche Prioritäten aktiven und erfolgreichen Selbstständigen und Freiberuflern heute etwas bedeuten. So können Sie auch unsere Motti verstehen „Mehr als Netzwerken" von Freelancer International e.V. und „Wissen vernetzen" von GABAL e.V..

Das Ehrenamt wird in beiden Vereinen großgeschrieben und erkennbar nach außen wie auch im Verborgenen unterstützt vom großen Engagement der Mitglieder für die gemeinsame Sache. Die Idee des branchenübergreifenden Zusammenschlusses funktioniert bei beiden Verbänden hervorragend.

Kommen wir noch einmal zurück zu der Themenfülle dieses gehaltvollen Buches. Sie haben darin Ihr Wissen erweitern können, Gesundheits- und Trainingstipps erhalten und verschiedene Ansichten zur Unternehmensphilosophie teilen dürfen. Einige Autoren lassen sich durchaus in die Karten schauen, wie sie ihre Leistung steigern oder sich für schwierige Aufgaben motivieren. Die ethische Komponente wird mehrfach angesprochen mit der Bedeutung von Wertschätzung, Nachhaltigkeit und kulturellen Aspekten. Von anderen Experten wird das Gehirn in den Mittelpunkt gerückt und aufgezeigt, wie man es aktivieren kann. Soft Skills können und sollen diese Leistung unterstützen. Was Sie daraus umsetzen können und welche Warnsignale Sie beachten sollten, hängt von Ihnen ab und von Ihrer Bereitschaft, Steine auf dem Weg beiseite zu räumen. Ohne Kommunikation kann kein Unternehmen erfolgreich sein. Deshalb finden Sie auch zu diesem Komplex einfache Anregungen, wie Sie auf diesem Gebiet überzeugen können.

Sie sind jetzt neugierig geworden, die Autoren dieses Buches und die beiden Verbände kennenzulernen? Dann besuchen Sie einfach die Internetseiten www.freelancer-international.de und www.gabal.de. Dort finden Sie alle aktuellen Termine und die Ansprechpartner für Ihre Fragen. Die Verbände und ganz besonders ihre Mitglieder freuen sich auf Sie.

Diethelm Boldt	*Hanspeter Reiter*
Präsident Freelancer e.V.	Vorstandssprecher GABAL e.V.
www.freelancer-international.de	www.gabal.de
info@freelancer-international.de	info@gabal.de/

Freelancer International e.V.
DER Verband für Selbstständige, Freiberufler und Einzelunternehmer

Die primäre Zielgruppe sind Einzel-Dienstleister im B2B-Umfeld.

Wofür steht der Verband?

Der Verband bietet für seine Mitglieder Kommunikationsplattformen für

1. regelmäßige regionale, überregionale und virtuelle Treffen,
2. Projekt- und Arbeitsgruppen,
3. Veranstaltungen (Messen, Seminare, Workshops, Vorträge),
4. gute Möglichkeiten zur direkten Kontaktaufnahme zur Unterstützung des eigenen Geschäftes wie auch der Kooperation bei komplexeren Projekten.

Der Verband bildet durch seine Mitglieder und deren Vernetzung einen wertvollen Wissensspeicher zum Vorteil aller.

Der Verband vertritt die Interessen seiner Mitglieder durch seine Öffentlichkeitsarbeit und Kontakten zu Politik, Wirtschaft, Wissenschaft, Institutionen und Medien.

Mit seinen Angeboten und Aktivitäten fördert er die geschäftliche und persönliche Weiterentwicklung und damit den Erfolg seiner Mitglieder insbesondere durch:

- Regionalgruppen mit monatlichen Treffen (Vorträgen und Austausch) in Berlin, Darmstadt, Frankfurt a.M., Landau, Mainz, Reutlingen-Tübingen und Stuttgart
- Persönliches Netzwerken vor Ort
- Kontakte zu örtlichen Behörden, Verbänden, Institutionen und Medien

Gerne informieren Sie sich weiter bzw. nehmen Kontakt auf:
www.freelancer-international.de, E-Mail: info@freelancer-international.de

ANZEIGE

Hier finden Sie Gleichgesinnte ...

... weil sie sich für **persönliches Wachstum** interessieren, für **lebenslanges Lernen** und den Erfahrungsaustausch zum Thema Weiterbildung.

... und Andersdenkende,

weil sie aus unterschiedlichen Positionen kommen, unterschiedliche Lebenserfahrung mitbringen, mit unterschiedlichen Methoden arbeiten und in unterschiedlichen Unternehmenswelten zu Hause sind.

Auf unseren Regionalgruppentreffen und Symposien entsteht daraus ein **lebendiger Austausch**, denn wir entwickeln gemeinsam **neue Ideen**.
Zudem pflegen wir intensiven Kontakt zu namhaften Hochschulen, so erhalten wir vom Nachwuchs spannende Impulse, die in die eigene Praxis eingebracht werden können.

GABAL.
Wissen vernetzen

Das nehmen Sie mit:

- Präsentation auf wichtigen Personal-Messen zu Sonderkonditionen sowie auf den GABAL-Plattformen (GABAL impulse, eLetter und auf www.gabal.de)

- Teilnahme an Regionalgruppenveranstaltungen, Werkstattgruppen und Kompetenzteams

- Sonderkonditionen beim Symposium und Veranstaltungen unserer Partnerverbände

- Gratis-Abo der Fachzeitschrift wirtschaft + weiterbildung

- Gratis-Abo der Mitgliederzeitschrift GABAL impulse

- Vergünstigungen bei zahlreichen Kooperationspartnern

- u.v.m.

Neugierig geworden?
Informieren Sie sich am besten gleich unter:

www.gabal.de
E-Mail: info@gabal.de
oder
Tel.: 06132 - 5095090